1er septembre 1918

MINISTÈRE DE LA GUERRE

DIRECTION DE L'INFANTERIE

ENTRAÎNEMENT PHYSIQUE

DU

COMBATTANT

LIBRAIRIE MILITAIRE BERGER-LEVRAULT

Éditeurs de l'*Annuaire officiel de l'Armée française*

NANCY-PARIS-STRASBOURG

1918

Prix : 1 fr. 50

ENTRAÎNEMENT PHYSIQUE

DU

COMBATTANT

Piece

8'V

20030

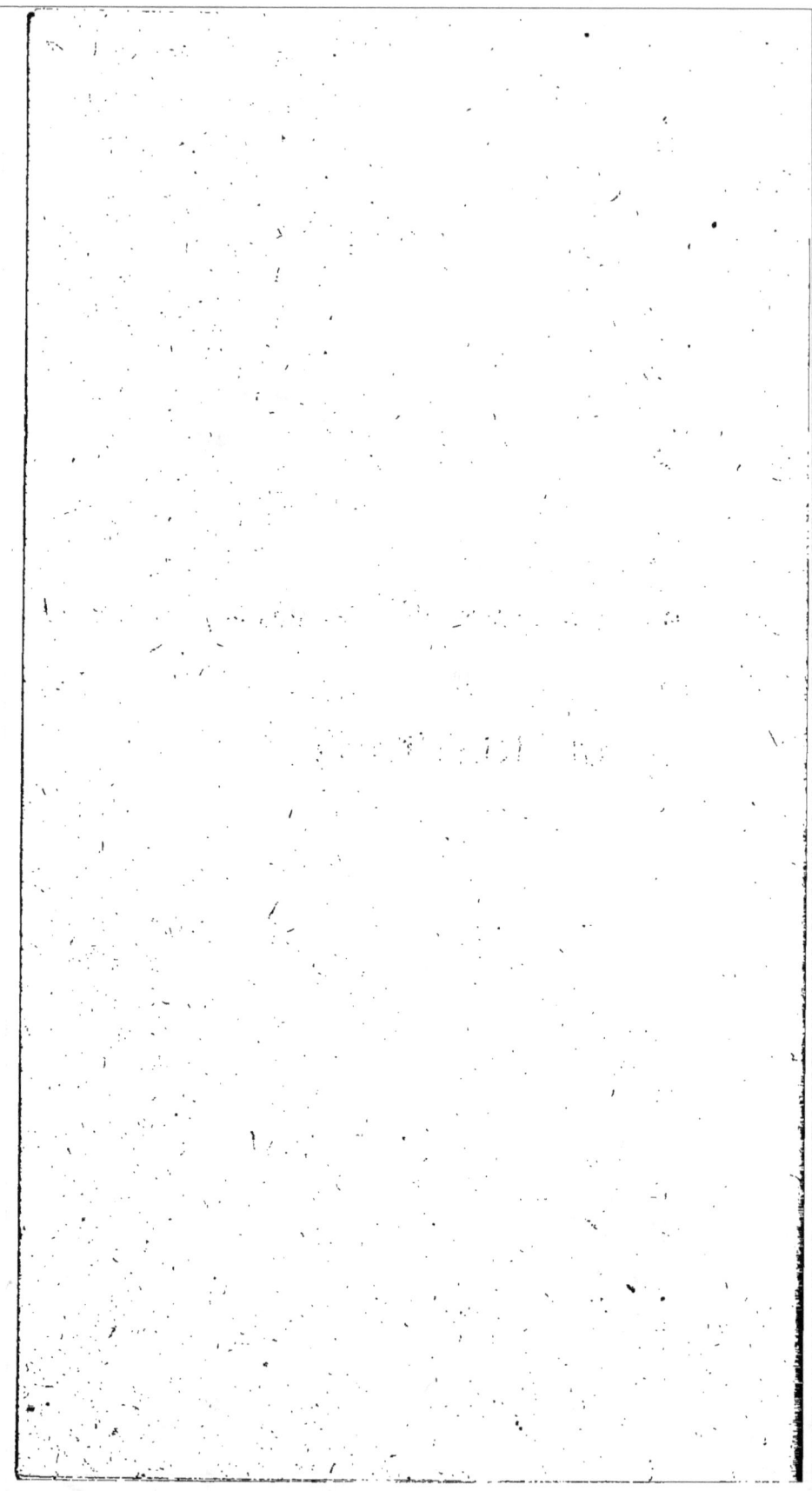

1er septembre 1918

MINISTÈRE DE LA GUERRE

DIRECTION DE L'INFANTERIE

ENTRAÎNEMENT PHYSIQUE

DU

COMBATTANT

LIBRAIRIE MILITAIRE BERGER-LEVRAULT

Éditeurs de l'*Annuaire officiel de l'Armée française*

NANCY-PARIS-STRASBOURG

1918

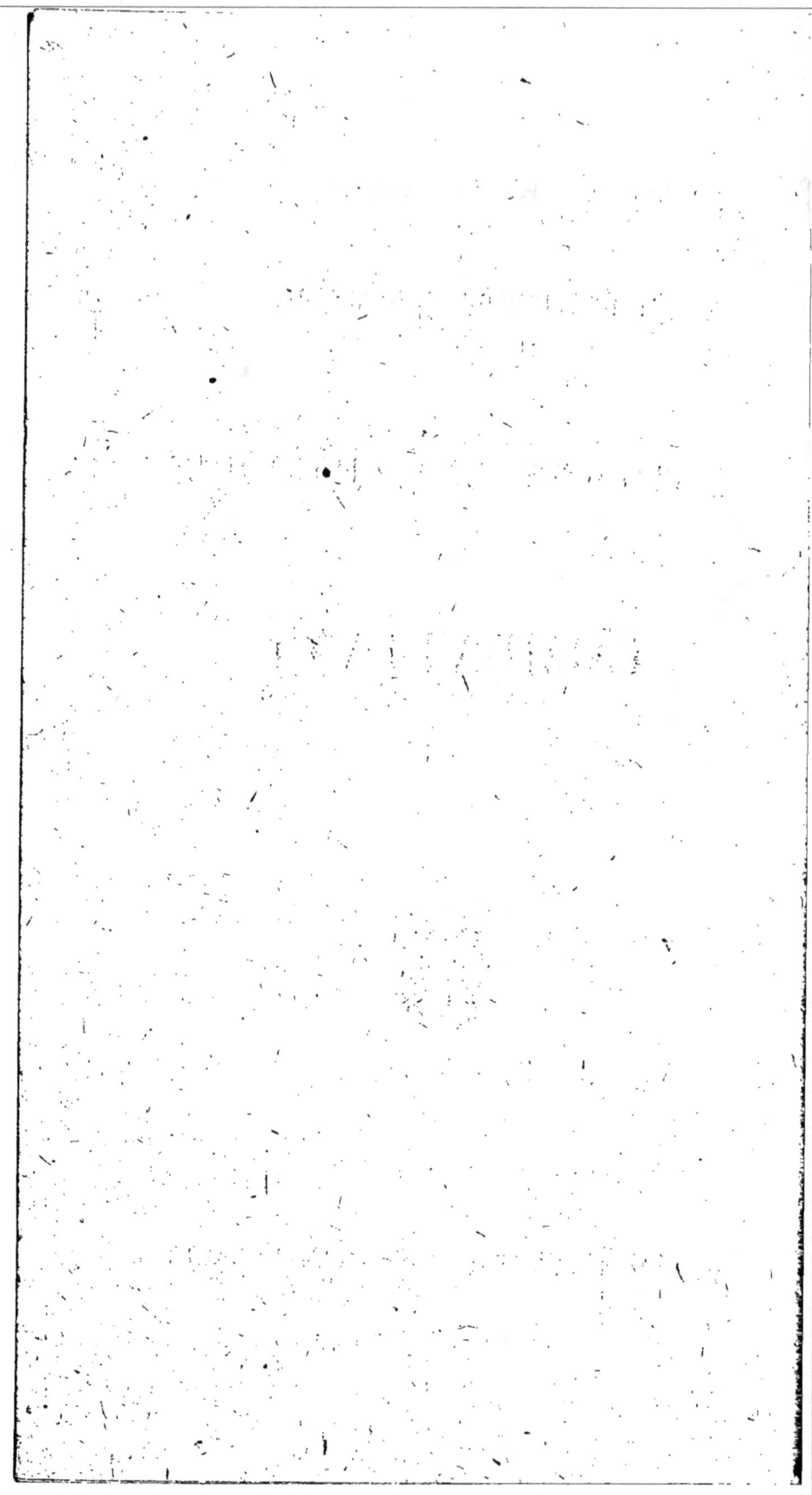

ENTRAÎNEMENT PHYSIQUE

DU

COMBATTANT

AVANT-PROPOS

PRINCIPES GÉNÉRAUX D'ENTRAÎNEMENT

---

1. Entraînement physique général et entraînements physiques spéciaux. — L'expérience des combats prouve la nécessité impérieuse de l'*entraînement physique général* des troupes et d'*entraînements physiques spéciaux* des diverses catégories de combattants avec leurs armes ou engins.

Des succès n'ont pu être exploités faute de *résistance physique* ou simplement de *souffle* de la part des combattants, faute également de *vitesse* dans les bonds ou déplacements de toutes sortes, de *force musculaire* pour le maniement ou transport des armes et des munitions, ou bien par *manque d'aptitude* aux genres d'exercices physiques les plus usuels au combat, ou enfin par défaut d'*adresse* dans la manœuvre d'armes ou d'engins.

D'autre part, un grand nombre d'hommes ont été tués ou blessés, n'étant pas suffisamment *lestes*, pour se *plaquer au sol*, se jeter dans un trou d'obus, ou un boyau ou un abri quelconque; ne sachant pas *se dissimuler*, en particulier ramper avec le minimum de visibilité; n'étant pas suffisamment exercés à exécuter des *bonds* à toute allure, à utiliser convenablement leurs *armes* et spécialement leur *baïonnette* ; hésitant à franchir en tenue de campagne un cours d'eau de 1 mètre à 1ᵐ50 de profondeur; en un mot, ignorant tout des *exercices de sécurité* personnelle et, en général, de ce qui constitue les *gestes utilitaires* du combattant, gestes qui s'imposent au soldat se mouvant sur le terrain de combat et doivent entrer dans ses réflexes.

Il importe de travailler spécialement ces exercices et ces gestes, pour faire disparaître les causes d'insuffisance physique.

2. Caractéristiques de l'entraînement. — L'entraînement physique du combattant vise avant tout la préparation physique du combat et, en particulier, sa forme la plus dure : l'attaque.

Ses caractéristiques principales peuvent se résumer comme suit :

1° *Pratique des exercices, mouvements ou gestes utiles pour combattre.* — Ces exercices, constamment les mêmes dans toutes les actions, sont : marcher, courir, sauter, se dissimuler, grimper et escalader, lever et porter, lancer, attaquer et se défendre et parfois même, franchir des cours d'eau et nager;

2° Développement ou augmentation de la *résistance à la fatigue*, plus spécialement du souffle, par le travail en *déplacement* (en course et marche rapide);

3° Développement ou augmentation de la *vitesse* par la recherche continuelle de gains dans la durée d'exécution des mouvements et déplacements de toutes sortes, aussi bien que dans la durée qui sépare tout ordre de son commencement d'exécution;

4° Endurcissement au froid, à la chaleur, au soleil et aux intempéries par le travail en tout temps et dans toutes les tenues, depuis la tenue la plus légère possible et sans arme jusqu'à la tenue complète de combat avec équipement, chargement, armes, engins ou matériel, en passant par toutes les tenues intermédiaires;

5° Travail sur les *terrains* les plus divers, sur espace restreint aussi bien que sur itinéraires variés;

6° Développement ou maintien de l'*enthousiasme* et de l'*allant* par l'excitation provenant de l'*émulation*, par le travail en gaieté (avec chants et cris), par l'indication d'un résultat précis à atteindre, par les *concours* de toutes sortes;

7° Développement ou maintien de l'*énergie* par la recherche, réfléchie et prudente, de l'effort pour l'effort (l'officier donnant l'exemple), par l'exécution d'exercices durs et violents et, d'une façon générale, par tous les moyens qui permettent de lutter contre la paresse physique et la tendance à l'amollissement.

3. Toute séance d'entraînement est le plus possible l'image, la répétition ou la préparation de la partie physique du combat et plus spécialement de l'attaque. Telle est la règle fondamentale de travail.

Pratiquement, une séance d'entraînement n'est pas autre chose que l'exécution, soit sur espace restreint, soit sur itinéraire quelconque, d'un *parcours* plus ou moins long, pendant lequel sont reproduits tout ou partie des exercices ou gestes qui trouvent leur application directe et immédiate au combat.

4. Ainsi compris, l'entraînement physique est intimement lié à l'utilisation des armes. Il doit, par suite, être imposé à tous et faire partie intégrante de l'instruction générale. En un mot, la préparation physique du combat doit exister au même titre que sa préparation technique et tactique.

Tout officier ou gradé et, plus spécialement, le chef direct de toute unité combattante (chef de section ou d'escouade) doit être l'entraîneur de ses propres hommes et s'exercer avec eux.

5. Jeux et sports. — Les jeux et les sports ne répondent pas de façon directe au but visé : la préparation physique de l'attaque. Ils peuvent néanmoins être pratiqués à titre de supplément de cette préparation, à condition de ne pas leur sacrifier le travail des exercices ou des gestes essentiellement utilitaires.

Les sports de compétition et, en particulier, les jeux d'équipes où il y a lutte d'individualités et de groupes doivent être préférés à tous autres, en raison de leur action sur le développement de certaines qualités nécessaires au combattant : l'énergie, l'allant, la combativité, l'esprit d'équipe et de discipline.

6. Terrains d'entraînement ou stades. — L'entraînement a lieu sur toutes sortes de terrains, depuis le terrain plat jusqu'au terrain varié et de combat.

On peut choisir pour stade habituel un terrain suffisamment abrité des vents régnants, à proximité d'arbres pouvant servir à l'exécution des exercices de grimper, de tranchées et talus se prêtant aux escalades, de cours d'eau permettant les ablutions, le franchissement ou la nage.

Le stade comprend : ,

Une piste à coins arrondis, de largeur variable de 1 à 5 mètres pour les marches, courses, etc. ;, cette piste se fait d'elle-même à l'usage. Il suffit de tracer son bord intérieur. Une partie de cette piste sera droite et aura au moins 60 mètres pour les courses de vitesse ;

Un plateau de forme carrée ou rectangulaire dit « plateau d'entraînement » qui permettra à l'instructeur de donner la leçon dans les meilleures conditions de surveillance (voir paragraphe 19). Toutefois ne pas perdre de vue l'intérêt du travail en « déplacement » et « sortir » souvent du plateau dont l'utilisation dans les conditions prévues au chapitre II-§ 19, restera un « moyen » et non une « règle fixe ».

Le plateau d'entraînement peut être tracé à l'intérieur de la piste décrite à l'alinéa précédent.

Les dimensions du plateau varient suivant le nombre d'hommes à exercer. Pour un effectif type de 40 à 60 hommes (effectif d'une section) ou pour un effectif moindre, le plateau a comme dimensions minimum 40 mètres de côté. Les coins du plateau sont indiqués par de simples piquets ou pierres. Ils peuvent être arrondis pour faciliter les exercices de courses sur le pourtour.

Des *sautoirs* préparés ou seulement tracés (sol un peu remué, piquets et ficelles).

Un *pas de lancer* (lignes droites ou circulaires pour les exercices du lancer).

Des *arbres* à proximité ou des poteaux, ou des cordes suspendues aux arbres pour le grimper.

Quelques *obstacles* fixes ou mobiles pour les sauts ou escalades (murs ou troncs d'arbres, tranchées profondes, etc.).

Un *terrain plan* (herbe ou terre remuée) pour le combat à la baïonnette et le corps à corps (voir Annexe IV, tracés de la piste de combat à la baïonnette et du terrain d'assaut). A défaut d'espace, le plateau d'entraînement est utilisé pour le combat à la baïonnette et le corps à corps.

Ces indications relatives à l'aménagement d'un stade représentent une moyenne facilement réalisable partout.

NOTA. — Ne pas trop se laisser « attirer » par le stade aménagé et rechercher toujours dans la campagne les terrains variés qui permettront l'exécution de la leçon d'entraînement physique dans les conditions voisines du combat prévues au paragraphe 3.

7. Heures, durée et continuité de la leçon. — L'entraînement général ou spécial est donné à des heures éloignées le plus possible des repas, à moins de nécessité absolue.

L'entraînement a lieu sous forme d'une leçon continue de durée variable, selon le degré d'entraînement et selon le temps (par temps très chaud ou très froid, raccourcir). Pendant toute la durée de la leçon, le travail doit être soutenu et continu et non coupé par des arrêts ou des repos sur place en état d'immobilité. Cette condition est essentielle pour assurer le développement de la résistance générale et éduquer la volonté.

La leçon est conduite de manière à obtenir en fin de leçon la disparition de l'essoufflement et de la sueur. Ce retour au calme sera particulièrement recherché par les temps froids et humides.

8. Tenue. — L'entraînement a lieu dans toutes les tenues, depuis la tenue la plus légère possible jusqu'à la tenue complète de combat.

Pour l'entraînement sur stade, et en vue d'endurcir l'organisme aux intempéries, la tenue sera réduite *progressivement selon le temps* à la culotte de sport ou caleçon (si les hommes en possèdent) ou pantalon ou culotte ordinaire, faute de mieux, et aux chaussures (espadrilles, chaussures de repos ou brodequins habituels). Si le sol du stade est très net (le faire visiter avant chaque leçon), on pourra s'entraîner pieds nus.

Pour l'entraînement en terrain varié ou de combat, on sera toujours chaussé de brodequins et la tenue sera souvent la tenue de combat.

PREMIÈRE PARTIE

ENTRAINEMENT GÉNÉRAL

CHAPITRE I

BUT — MOYENS D'EXÉCUTION ET DE CONTROLE

9. L'entraînement général s'adresse à tous et vise à accroître ou à maintenir la valeur physique des cadres et des troupes.

10. Il est donné sous forme de leçon *continue*, d'une durée variable suivant les circonstances.

Une leçon, si courte soit-elle, bien composée et bien commandée, peut être profitable.

Deux cas se présentent selon le but poursuivi :

Ou bien on cherche un entraînement sévère (accroissement de la valeur physique);

Ou bien on veut seulement *maintenir l'entraînement acquis*.

Les mêmes principes régleront le travail dans les deux cas, mais, dans le premier cas, la leçon sera journalière (un jour de repos par semaine).

11. Dans les deux cas, on observera la *progressivité* dans la durée, dans la tenue, dans les difficultés du terrain, dans l'intensité des exercices.

On tiendra également compte, dans l'établissement de la leçon, des autres exercices ou travaux particulièrement pénibles, effectués dans la journée ou la veille, ou à effectuer le lendemain. La leçon sera, de ce fait, ou réduite ou supprimée.

En principe, les longues marches sont avantageusement suivies d'exercices dérivatifs de la partie supérieure du corps, les gros travaux de terrassements sont utilement suivis d'exercices d'adresse intéressant les jambes, etc.

12. Effectif au travail. — L'effectif type pouvant être dirigé et surveillé facilement par un seul officier ou gradé directeur du travail est celui de la section, soit de 40 à 60 hommes.

Cet effectif est divisé en quatre groupes, correspondant aux quatre escouades, à l'effet de conserver les formations mêmes de combat.

Ou bien dans certains cas, le premier groupe peut être composé des plus forts, le dernier groupe des plus faibles, et les groupes intermédiaires d'hommes de force moyenne.

NOTA. — Si, dans une unité, un certain nombre d'hommes (jeunes classes, récupérés, territoriaux) se trouvaient dans des conditions toutes particulières d'infériorité physique, ils devraient être formés en un groupe à part et soumis aux principes d'éducation physique et d'entraînement indiqués par le *Guide d'Éducation Physique* du 14 octobre 1916.

Ils rejoindraient, dès que possible, leur groupe habituel de combat.

13. Importance du rôle de l'officier directeur du travail. — L'officier ou le gradé qui dirige la séance d'entraînement a un rôle capital. De la façon dont il conduit le travail dépendent tous les résultats : résistance, vitesse, énergie, enthousiasme, aptitude aux divers exercices. Il doit se dépenser, communiquer de l'entrain à tous, donner l'exemple de la vigueur, exiger ce qui est possible, doser avec compétence, reposer quand il faut, éviter toute perte de temps ou tout arrêt sur place, ne faire exécuter avant tout que des exercices utiles, enfin avoir toujours présent à l'esprit la formule : Préparation physique de l'attaque.

Il lui appartient non seulement de savoir composer rapidement une leçon d'entraînement général, mais encore de se rendre compte de l'*intensité* des exercices qui composent sa leçon *en l'exécutant lui-même*.

14. Importance du dosage. — L'officier ou le gradé est le seul juge du dosage et de la difficulté du travail convenant à la catégorie d'hommes placés sous sa direction.

Si le dosage ou la difficulté sont trop faibles, les progrès sont nuls ou peu importants. Si, au contraire, le dosage ou la difficulté sont trop forts, il peut se produire du surmenage ou des accidents.

Les résultats finaux de l'entraînement dépendent uniquement de l'aptitude de l'instructeur à doser et à graduer, et cette aptitude ne s'acquiert que par l'expérience. L'instructeur débutant doit par suite, pour éviter tout forçage, imposer à ses hommes un dosage plutôt faible.

Grâce au dosage approprié, le programme de la séance de travail convient aux faibles comme aux forts, aux débutants comme aux athlètes. Les exercices sont les mêmes pour tous; seule la somme de travail ou la production d'efforts peut différer dans des proportions considérables d'un groupe à un autre groupe d'hommes, ou d'un homme à un autre homme. Cette somme de travail ou cette production d'efforts doit toujours être limitée par l'apparition des signes extérieurs de la fatigue.

L'organisation du travail sur le plateau d'entraînement est conçue de telle sorte que les forts comme les faibles peuvent toujours donner leur effort librement, principalement pendant l'exécution des exercices les plus violents. Le dosage individuel se trouve ainsi assuré dans les meilleures conditions possibles.

15. Signes de fatigue. — L'instructeur doit savoir reconnaître ceux de ses hommes qui commencent à se fatiguer.

L'apparition de la fatigue est retardée, en général, dans les entraînements qui sont donnés par groupes homogènes, classés selon leur force. Mais si l'entraînement est donné par groupes constitués où forts, moyens et faibles exécutent ensemble les mêmes exercices, il est de toute nécessité que l'instructeur connaisse les faibles de son groupe, les observe avec soin et n'hésite pas, au premier signe de fatigue, soit à ralentir leur allure, soit à les mettre au repos.

La fatigue physique est, en général, précédée de la *fatigue nerveuse*.

La fatigue nerveuse se traduit extérieurement par une *mine attristée ou renfrognée*, des gestes d'énervement, des exagérations d'effort, sans raison sérieuse, une certaine mauvaise humeur dans les réponses, ou des critiques injustifiées faites aux camarades.

L'instant d'après, si l'homme continue, les signes suivants peuvent apparaître, décelant alors une *fatigue physique* plus ou moins prononcée : bouche ouverte, yeux fixes, tête rejetée en arrière, essoufflement exagéré, un certain retard à répondre aux interrogations, la rougeur ou la pâleur du visage, enfin le tremblement des membres.

L'instructeur devra savoir intervenir au moment de la fatigue nerveuse et non plus tard. Mais le meilleur moyen d'éviter ces dangers (graves surtout parce qu'ils éloignent l'homme de l'effort quotidien et lui font redouter l'entraînement) est de les prévoir par le *dosage* convenable de la leçon.

16. Exercices respiratoires. — Une mention spéciale doit être faite de ces exercices. Si l'instructeur entraîne des hommes jeunes à cage thoracique visiblement étroite, il leur fera pratiquer fréquemment des exercices respiratoires.

On pratiquera la respiration forcée au cours même des exercices, chaque fois qu'il sera utile et, notamment, après la mise en train, les courses, et en fin de leçon (retour au calme).

Trois ou quatre inspirations successives, suivies d'expirations complètes, à la cadence normale de la respiration, sont suffisantes. Éviter toute contraction musculaire des bras en respirant. Elle nuit à l'amplitude respiratoire cherchée.

17. L'idée directrice de l'entraînement général est : *travail sur stade aménagé, puis en terrain varié et de combat. Dérivatifs sous forme de jeux et de sports.*

Les leçons d'entraînement peuvent être complétées (une leçon sur six) par une *séance de perfectionnement*, au cours de laquelle on s'attache à perfectionner l'exécution des diverses applications utiles. Naturellement, au début de chaque période, quelques *séances d'étude* sont nécessaires pour montrer les différents exercices qui composent la leçon, bien qu'ils soient généralement connus.

Enfin, des *séances spéciales* pourront être consacrées aux sports proprement dits, soit pour certaines équipes sélectionnées, soit pour tous, selon le genre de sport choisi et les terrains dont on disposera. On organisera au besoin de véritables *fêtes sportives* chaque fois que l'occasion s'en présentera commodément.

18. Moyens de contrôle. — Pour développer ou entretenir l'*émulation*, des concours collectifs entre groupes de la même unité ou entre groupes d'unités différentes sont organisés périodiquement.

Ces concours doivent toujours présenter un caractère utilitaire et être une application directe des exercices enseignés.

Le chef s'occupe avant tout d'améliorer l'*ensemble* en augmentant la valeur physique générale. Son but est d'entraîner une *masse* et non de former quelques sujets exceptionnels.

CHAPITRE II

CONDUITE DE LA LEÇON

19. 1° Sur stade aménagé ou plateau d'entraînement. — L'officier ou le gradé directeur du travail se place à l'intérieur du plateau. Il peut être aidé par un gradé qui fait les commandements ou se charge des observations de détail. Il se munit d'une montre à secondes pour pouvoir doser le travail et se rendre compte des durées d'exécution des exercices.

Pour les exercices simples de marche, pour les courses allure lente ou moyenne, ainsi que pour les marches lentes de repos, les groupes sont disposés les uns derrière les autres, sur la piste formée par le pourtour extérieur du plateau, les hommes en colonne par un.

Les quatre groupes (4 escouades de la section ou 1 groupe de forts, 2 de moyens et 1 de faibles), sont indépendants les uns des autres et peuvent prendre des allures correspondant à leurs aptitudes. Pour se dépasser, ou au contraire se rapprocher, les groupes « coupent » dans les coins ou « doublent » à travers le « plateau ».

Pour les exercices de course, les marches rapides et également pour les progressions à l'aide des quatre membres et le porter, un des côtés du plateau est choisi comme base de départ. Les groupes viennent successivement se placer en une ou plusieurs lignes déployées sur cette base, les hommes à environ 2 mètres d'intervalle les uns des autres. Les lignes sont ensuite lancées sur le plateau les unes après les autres. Les hommes progressent librement devant eux en donnant leur vitesse maximum ou en prenant l'allure indiquée par l'instructeur, sans rechercher l'alignement, les forts pouvant dépasser les plus faibles.

Les groupes se reforment en colonne par un sur la piste (ou pourtour extérieur du plateau), vers la droite ou vers la gauche, aussitôt après avoir dépassé la base opposée à la base de départ ou toute autre base d'arrivée tracée ou indiquée par l'instructeur. Ils reviennent sur la base de départ en marche de repos, allure lente ; ceux qui sont en avance sur le groupe qui les précèdent se placent derrière en profondeur.

L'instructeur doit régler le départ des groupes et la longueur des parcours de telle sorte qu'aucun groupe n'ait à subir d'arrêt sur place en attendant son tour d'être lancé sur le plateau.

La distance à parcourir par les groupes sur le plateau dépend de la violence des exercices ; elle est en moyenne de 30 à 40 mètres et au maximum de 50 mètres.

Pour les exercices de saut, disposer un groupe dans chaque coin du plateau, ou bien utiliser une piste d'obstacles naturels ou des sautoirs spéciaux.

Pour les exercices de grimper, utiliser les arbres, talus, parapets de tranchées, murailles, palanques, ou bien des barres et des cordes. Répartir les groupes à des emplacements divers, si cela est nécessaire, pour ne pas interrompre le travail.

Pour les exercices de lancer, disposer les groupes sur le pourtour extérieur du plateau, un groupe sur chaque côté, ou tout autre formation pratique.

Pour la défense, utiliser le plateau tout entier ou en terrain préparé dans les conditions prévues à l'Annexe IV.

Pour les parcours réglés de marche et de course, grouper les hommes, mais sans exiger le rang ou l'alignement. Ces parcours s'exécutent hors du plateau d'entraînement sur pistes étalonnées.

2° **Sur itinéraires variés.** — Les parcours ont lieu en ligne droite, dans une direction quelconque ou bien sur un circuit fermé de façon à se retrouver au point de départ à la fin de la séance.

Les exercices se déroulent dans l'ordre qui s'accorde le mieux avec les accidents ou obstacles de terrain et de la façon qui serait la plus vraisemblable en attaque.

Les formations à prendre par les groupes (section ou escouade), doivent être celles qui trouvent leur application directe au combat.

L'officier ou le gradé directeur du travail, en exécutant lui-même le parcours apprend à conduire physiquement son groupe dans les conditions mêmes où il aura à l'utiliser.

CHAPITRE III

COMPOSITION DES LEÇONS

20. Il y a lieu de distinguer :

a) La leçon sur stade ou leçon méthodique dont l'organisation est indiquée ci-après.

b) La leçon en terrain varié ou de combat, qui est une répétition d'attaque sur un parcours quelconque. Son organisation dépend de l'objectif à atteindre, autant que la forme ou des accidents du terrain.

21. Organisation d'une leçon sur stade. — La leçon sur stade peut commencer par une *mise en train appropriée.*

Elle comprend ensuite des applications aux *exercices fondamentaux suivants :*

Marcher; lancer; courir; se dissimuler; lever et porter; sauter; grimper et escalader; attaquer et se défendre; franchir des cours d'eau et nager (si les circonstances le permettent).

L'ordre ci-dessus peut n'être pas suivi. Il faut seulement chercher à observer l'*alternance* (bras, jambes, etc.), et passer par tous ces exercices au cours d'une leçon.

La leçon se complète par des jeux et des chants et se termine par des *exercices d'ordre* et de retour au calme.

Pour composer une leçon, prendre le canevas ci-après et y introduire, dans la proportion indiquée au canevas, des exercices pris dans le tableau des éléments (chapitre IV), où ils sont classés, dans chaque catégorie, par degré de force autant que possible.

22. Canevas d'une leçon :

a) **Mise en train.**

b) **Leçon proprement dite.**

1° *Marcher.* — 2, puis 3 et 4 exercices, selon le degré d'entraînement marqué par la durée de la leçon, le terrain, etc.;

2° *Lancer.* — 1 exercice, puis 2;

3° *Courir.* — 3, puis 4 exercices;

4° *Se dissimuler.* — 2, puis 3 et 4 exercices;

5° *Lever et porter.* — 2 exercices;

6° *Sauter.* — 3, puis 4 exercices;

7° *Grimper et escalader.* — 1, puis 2 exercices.

8° *Attaquer et se défendre.* — 3, 4, puis 5 exercices;

9° *Franchir les cours d'eau et nager.* — 1 exercice (si les circonstances le permettent). La nature de cet entraînement imposera le plus souvent l'organisation de séances spéciales (voir chapitre IV-9°).

c) **Jeux et chants (à volonté).**

d) **Exercices d'ordre** — 3 ou 4 exercices (retour au calme).

CHAPITRE IV

TABLEAU DES ÉLÉMENTS POUR COMPOSER LES LEÇONS

23. *a*) **Mise en train.** — Marches et courses lentes.

b) **Leçon proprement dite.**

1° *Marcher :*

Marche à volonté (normale, lente, vive);

Marche cadencée (normale, lente, vive);

Marche sur la pointe des pieds;

Marche allongée (lente, normale, vive) avec balancement des bras;

Marche aux allures vives : 1° au pas allongé; 2° au pas de charge en donnant le maximum de vitesse;

Marche allure lente, avec ou sans expirations profondes. Cet exercice sert uniquement de moyen de repos ou de transition entre les divers autres genres d'exercices.

2° *Lancer :*
Passe-passe d'objets lourds (sacs à terre);
Lancer de pierres en longueur (poids divers à deux mains, d'une main);
Lancer de pierres sur objectif désigné;
Lancer de pierres sur objectif (vitesse);
Lancer de grenades (longueur, précision, vitesse);
Lancer d'objets lourds à deux mains, d'une main.

3° *Courir :*
Course non cadencée aux diverses allures : lente, moyenne, vive;
Course cadencée aux diverses allures;
Course droite, arrière, oblique, latérale avec retours brusques en arrière et en avant;
Course avec demi-tours à droite et à gauche; avec crochets à droite et à gauche; de côté vers la droite et vers la gauche;
Bonds individuels, en partant de toutes les positions (20 à 30 mètres);
Grands bonds (20 à 30 mètres);
Courses réglées en *distance* et en *durée* sur bases étalonnées (de 50 à 1.500 mètres);
Courses en boyaux;
Courses d'obstacles variés;
Courses de relais (de 30, 50, 100 mètres);
Cross (séance spéciale);
Rallye (séance spéciale);
Course au clocher (séance spéciale).

4° *Se dissimuler :*
Marche ou course avec arrêts *brusques* pour s'accroupir, s'agenouiller ou se placer au sol;
Marche ou course à l'indienne (le tronc fléchi horizontalement);
Progression sur les pieds et les mains (marche ou course avec appui sur les 4 membres) : 1° en avant; 2° en arrière; 3° avec demi-tours; 4° avec crochets; 5° de côté; 6° en bondissant simultanément sur les pieds et les mains;
Progression sur les genoux (ou les pointes des pieds et des genoux) avec appui sur une ou deux mains;
Progression en rampant, en avant, en arrière, latéralement (pieds et genoux, coudes et mains, tête et ventre rasant le sol).
Ramper :
1° Avec l'aide des bras seulement;
2° Avec les bras et les pointes des pieds;
3° Avec les bras et l'aide d'une des jambes;
4° Avec l'aide d'un bras et de la jambe opposée (bras gauche et jambe droite ou inversement).

5° *Lever et porter :*
Chargement et transport de sacs, d'armes, d'engins ou de matériel (en marche, en course, en dissimulation).
Lever et porter de lourds madriers, de lourdes pierres, etc. (seul, à deux, à trois, etc.).

CHARGEMENT ET TRANSPORT DE PERSONNES. — Un homme entraîné doit être capable de charger et de transporter une personne de poids inférieur ou égal au sien.
Cet exercice, qui a trouvé de si généreuses applications à la guerre, présente une certaine difficulté. Une étude préalable des

divers modes de chargement est nécessaire si l'on veut éviter des efforts inutiles, exagérés ou pénibles pour le porté.

PRINCIPAUX MODES DE CHARGEMENT. — 1° Placer la personne à califourchon sur le dos;

2° Placer la personne à cheval sur les deux épaules;

3° Placer la personne devant la poitrine en la saisissant dans les bras comme un enfant;

4° A l'aide d'un seul bras. Le porteur passe un de ses bras sous le ventre du porté, saisit celui-ci par la taille avec un seul bras et le maintient contre sa hanche;

5° A plat ventre sur l'épaule ou en travers sur la nuque.

La personne à charger se place le dos à plat sur le sol.

Poser le genou gauche à terre par exemple, et placer la personne en travers sur la cuisse droite. La saisir à bras-le-corps et la charger sur l'épaule en se relevant. La placer en travers sur la nuque une fois relevé.

Autre procédé :

Tourner le blessé la face contre terre. Se glisser avec précaution, la tête la première, sous sa poitrine, la tête du blessé se trouvant à gauche du porteur. Saisir son bras droit avec la main gauche et embrasser ses jambes au-dessus du genou avec le bras droit. Se relever très doucement en faisant porter le poids du corps du blessé sur les épaules. Si l'on veut se rendre la liberté du bras gauche, passer le bras droit entre les jambes de l'homme; avec la main de ce bras, saisir le poignet droit du blessé.

6° A deux porteurs : la brouette :

L'un des porteurs saisit le porté sous les aisselles, l'autre par les jambes, en se plaçant entre elles ou de côté;

7° A deux porteurs : le simple brancard :

Les porteurs se donnent la main (main droite de l'un dans main gauche de l'autre) en s'accrochant par les phalanges ou en se saisissant les poignets. Le porté s'assoit sur les bras des porteurs et leur entoure le cou avec ses bras. Les porteurs avancent face en avant;

8° A deux porteurs : la chaise;

Les porteurs se donnent la main comme précédemment et placent les deux autres bras restés libres aux épaules l'un de l'autre pour former un dossier au porté, les porteurs avancent latéralement;

9° A quatre porteurs : la chaise longue :

Quatre porteurs se faisant face deux à deux, se donnent les mains en s'accrochant par les phalanges ou les poignets.

Le porté s'étend de tout son long sur les bras des porteurs.

6° Sauter :

Sauts en hauteur avec et sans élan.

Sauts en longueur avec et sans élan.

Sauts en profondeur avec et sans élan.

Sauts combinés.

Sauts d'obstacles réels (troncs d'arbres, tranchées, murs, haies dures, éléments de réseaux de fils de fer, ruisseaux).

Sauts de barrières ou de talus avec appui des mains.

7° Grimper et escalader :

Grimper aux arbres, à un poteau, à une corde, etc.

Escalades diverses : murailles, parapets de tranchées, talus à pic, palanques et pentes raides, berges de cours d'eau, etc. (seul, à deux, à plusieurs, avec et sans l'aide de cordes, perches, etc.).

8° Attaquer et se défendre :

Luttes individuelles et collectives de traction et de répulsion (sur les poignets, paumes contre paumes, avec cordes, avec perches, etc.).

Combat à la baïonnette (assauts un contre un, voir Annexe V).

Corps à corps (voir Annexe I).

Boxe anglaise et française, luttes diverses (entraînements subordonnés à la présence d'instructeurs spécialistes).

9° *Franchir des cours d'eau et nager.*

Pénétrer et marcher dans une rivière de 1 mètre à 1 m 50 de profondeur à courant nul ou faible.

Même exercice dans une rivière à courant de plus en plus fort.

Sauter debout dans une rivière de 1 mètre à 1 m 50 de profondeur, se dissimuler rapidement derrière la berge, ramper, tirer.

Passer un cours d'eau de 1 mètre à 1 m 50 de profondeur sur un tronc d'arbre ou une passerelle étroite. Sauter debout dans la rivière.

Sauter debout dans une rivière de 1 mètre à 1 m 50 de profondeur, marcher, traverser, escalader la berge opposée, se dissimuler, ramper, viser, mettre en batterie, lancer des grenades, etc.

Sauter debout dans une rivière de 1 mètre à 1 m 50 de profondeur, se dissimuler, marcher le long de la berge pour atteindre une passerelle ou un radeau plus ou moins éloignés.

Répéter les exercices précédents dans toutes les tenues, depuis le caleçon de bain jusqu'à la tenue complète en passant successivement par les chaussures, le pantalon, les jambières ou bandes molletières, la vareuse, la capote, la musette, l'arme, les munitions, les vivres de réserve.

NAGE ET SAUVETAGE. — Depuis la tenue en caleçon de bain jusqu'à la tenue de campagne. Séances faites de préférence par la chaleur. Organisation par régiment, bataillon ou compagnie. Surveillance et enseignement à l'aide de nageurs excellents. Consulter, pour l'enseignement, les nombreux ouvrages relatifs à la nage et au sauvetage.

Répéter, en nageant, dans les diverses tenues et dans tous les cours d'eau, les exercices précédents.

NOTA. — Souvent, l'appréhension à pénétrer en tenue de campagne dans une eau de 1 m 50 de profondeur a été suivie de blessure, capture ou mort.

Sans cette appréhension, des unités entières — dans la défensive ou l'offensive — auraient pu se dissimuler derrière une berge, s'abriter, faire le coup de feu, gagner en suivant les bords une passerelle voisine, franchir vivement un tronc d'arbre ou une passerelle étroite jetés sur une rivière, etc.

L'appréhension à pénétrer en tenue de campagne dans une eau peu profonde est une incapacité dangereuse qui peut facilement disparaître par un entraînement approprié. Une seule séance, bien dirigée, par un temps propice, dans une rivière à courant nul ou faible, peut suffire à vaincre cette appréhension.

Une reconnaissance complète du cours d'eau est faite au préalable.

Les points dangereux (herbes, trous, courants violents) sont indiqués par un jalon très apparent (perche, bouillon de roseaux, etc.).

La surveillance est exercée par de bons nageurs, les uns en barque, d'autres répartis dans le lit du cours d'eau.

Le service médical est soigneusement organisé.

La tenue est progressivement amenée du caleçon de bain à la tenue de campagne complète (pour les très bons nageurs).

Toutefois, au combat, il y aura intérêt à s'alléger le plus possible et à ne conserver sur soi que l'armement, les munitions, les vivres de réserve.)

On utilise des vêtements usagés.

Par prudence, l'exercice a lieu à jeun.

N'exercer qu'un très petit nombre d'hommes à la fois.

La durée de l'exercice est toujours très limitée.

L'homme se munit de sa serviette, et, dès la fin de l'exercice, la réaction est provoquée par une friction énergique faite soi-même ou avec l'aide d'un camarade.

Ces exercices ont lieu, en principe, à l'époque des grandes chaleurs. Toutefois, il ne faut pas perdre de vue que la nécessité pour une troupe de pénétrer en tenue dans une eau peu profonde pourra se montrer impérieuse à toute époque de l'année.

Il importera donc d'organiser, à toute époque de l'année s'il le faut, en multipliant les précautions pour combattre le froid, la séance qui doit donner à un chef d'unité la certitude que, le cas échéant, aucun de ses hommes n'hésiterait, pour vaincre l'adversaire, à pénétrer dans une eau de 1^m 50 de profondeur.

c) **Jeux et chants.**

(Variables selon les régions, les recrutements, les traditions, les régiments.)

(Consulter la liste de jeux figurant au *Guide pratique d'Éducation physique* du 14 octobre 1916.)

d) **Exercices d'ordre.**

Marche normale.

Marche lente avec respiration rythmée.

Marche avec chants.

CHAPITRE V

JEUX ET SPORTS

24. Les jeux et les sports sont nombreux. En général, tous les combattants, à quelques exceptions près, peuvent être initiés aux sports.

Les jeux les plus pratiques pour le combattant sont :

Les barres (course) ;

Le drapeau (40 hommes au maximum) (course) ;

La pelote basque et la balle au chasseur (lancer en course) ;

Le ballon militaire (course, attaque et défense) ;

Les foot-ball association et rugby (course, attaque et défense).

Les sports athlétiques sont :

Courses de vitesse (60, 100, 400 mètres) ;

Courses de demi-fond (400, 800 mètres) ;

Courses de fond (1.000 à 3.000 mètres) ;

Courses de grand fond (au delà de 3.000 mètres) ;

Sauts : tous ceux du programme ;

Sauts de haies (110, 200, 400 mètres) ;

Levers de poids, haltères, gueuses ;

Lancer du boulet de 7 kilos.

Tous ces jeux et sports sont facilement praticables aux armées.

DEUXIÈME PARTIE

ENTRAINEMENTS PHYSIQUES SPÉCIAUX

CHAPITRE I

RÈGLES GÉNÉRALES DE TRAVAIL

25. Les entraînements physiques spéciaux ont pour but la préparation physique directe au combat avec l'*équipement*, le *chargement*, l'*armement*, le matériel ou les engins.

Les règles de travail sont les mêmes que celles indiquées pour la séance d'entraînement physique ordinaire en ce qui concerne la *continuité* du travail, l'*alternance* des efforts violents et modérés, la façon de doser et de graduer l'effort ou la difficulté, la manière de reconnaître l'approche de la fatigue, les moyens de reprendre haleine, etc.

Le dosage du travail, la longueur ou la vitesse du parcours à effectuer sont d'autant plus réduits que le vêtement, l'équipement et le chargement de l'homme sont plus considérables. L'apparition des premiers signes extérieurs de la fatigue limite toujours la production des efforts.

Les séances d'entraînement ont lieu soit sur un stade aménagé, soit sur un terrain bouleversé, soit sur un itinéraire quelconque en rase campagne. Elles s'exécutent avec tout ou partie des vêtements, de l'équipement, des armes et du chargement, avec et sans le masque, suivant les circonstances de temps et le degré d'entraînement du personnel.

Il n'est pas indispensable ni obligatoire d'exécuter au cours d'une même séance toute la série des exercices indiqués dans les programmes ci-après.

L'ordre d'exécution des exercices n'est pas forcément l'ordre de classement qui figure aux programmes. Cet ordre doit assurer simplement la *continuité* du travail dans les meilleures conditions de dosage possibles.

Pour toutes les catégories de combattants, l'entraînement physique ordinaire, sans arme, marche de pair avec l'entraînement spécial avec arme ou matériel. Il y a intérêt à alterner les deux genres de séances de travail.

La durée des séances d'entraînements physiques spéciaux est, en général, plus réduite que la durée des séances d'entraînement ordinaires.

26. Applications. — Les exercices des diverses spécialités (fusiliers-mitrailleurs, mitrailleurs, servants des mortiers, grenadiers-voltigeurs, etc.) seront combinés entre eux en des applications appropriées comportant le tir, la marche, la course, le saut, la franchissement des défenses accessoires (réseaux, palanques, abatis, etc.), le franchissement des cours d'eau, le combat à la baïonnette et le corps à corps, en terrain plat, varié, bouleversé ou organisé.

On exécutera fréquemment les mêmes exercices, franchement à découvert, hors des organisations, en poursuivant comme idée de combat la réduction de nids et d'îlots de résistance ennemis accrochés en tous terrains de rase campagne (fermes, villages, boqueteaux, bois, écluses, ponts, berges de cours d'eau, etc.).

26 bis. Contrôle. — Le meilleur contrôle s'exercera le plus souvent sous forme de concours entre équipes.

CHAPITRE II

FUSILIERS-MITRAILLEURS. — MITRAILLEURS
ÉQUIPES DE 37
MORTIERS D'ACCOMPAGNEMENT, ETC.

A. Règles générales.

27. L'entraînement physique de ces catégories relève de l'exercice fondamental « Lever et Porter », dont il n'est qu'une application particulière.

Par suite, tous les exercices de la première partie (Entraînement général) intéressant le Lever et le Porter préparent à l'entraînement spécial de ces catégories.

On laissera une certaine latitude dans le mode de portage pour les armes lourdes, notamment pour les pièces du canon de 37.

28. Cet *entraînement spécial* consiste à lever, à porter, à manier des armes lourdes ou des parties d'armes lourdes, en exécutant en même temps les exercices les plus utiles de marche et (selon le poids) de course, d'escalade et même de franchissement de cours d'eau. On y ajoute quelques indications pour l'utilisation de ces armes lourdes comme massues dans l'attaque et la défense individuelles, en cas de surprise.

L'entraînement est donné sous forme de leçon courte avec des repos, progressivement en terrain plat, varié et de combat, en tenue légère et en tenue de combat.

29. L'entraînement comprend en général deux parties :

1º *Une partie individuelle*, dans laquelle chaque homme est entraîné à lever, porter, manier une arme, ou la partie du matériel qui constitue le chargement d'un équipier;

2º *Une partie par équipes constituées*, dans laquelle chaque équipe complète est entraînée à progresser ensemble, soit en portant, soit en traînant sur roues ou par glissement, à travers tous terrains, le matériel complet d'une équipe. Le but est d'obtenir que l'équipe complète se meuve rapidement dans tous les terrains, même les plus bouleversés, en restant toujours parfaitement en ordre, prête à utiliser son matériel.

Bien entendu, au cours de ces exercices par équipes, de nombreux exercices de tir ou de mise en batterie seront effectués, toujours en visant la rapidité d'exécution.

30. Contrôle. — C'est par des concours d'équipes progressant sur un parcours donné qu'on peut le mieux juger de l'entraînement d'une catégorie. L'attention se portera : 1º sur la rapidité; 2º sur l'utilisation du terrain; 3º sur l'état dans lequel le matériel sera amené à pied d'œuvre; 4º sur l'ordre et le silence de l'équipe.

B. Fusiliers-mitrailleurs.

31. L'entraînement consistera en leçons courtes à raison d'une par jour, s'ajoutant à une leçon courte d'entraînement général, si l'on veut un entraînement sérieux, et, bien entendu, en tenant compte des autres exercices du jour, de la veille et du lendemain.

Pour un maintien d'entraînement, trois leçons en six jours suffisent.

Pour assurer le dosage, l'instructeur exécute lui-même sa leçon.

La leçon sera conçue comme les leçons d'entraînement général, savoir :

Une courte mise en train ; des exercices avec le F. M. seul ; des exercices avec les F. M. et les chargements des pourvoyeurs, c'est-à-dire par équipes ; une courte finale pour ramener le calme.

La leçon pourra également consister en un simple parcours avec objectif à atteindre en un temps donné, par équipes.

32. Principaux exercices pour composer une leçon.

a) **Mise en train.** — Rassemblement le F. M. à la main, ou sur l'épaule.

Changer le F. M. de main, d'épaule.

Position du tireur debout, à genou, couché.

b) **Leçon proprement dite :**

1° *Avec le F. M. seul :*

Marche et course. — Répéter la plupart des exercices de la première partie ; sauf les bonds, en course, supérieurs à 30 mètres, à 40 mètres ; apprendre à tomber à terre avec l'arme ou les chargements ; marche à trois pattes (une main libre). Marches en rampant.

Saut. — Seulement des sauts bas et courts.

Escalader. — Seulement escalade de murs, tranchées profondes. Emploi de la planche ou perche inclinées.

Attaque et défense. — Frapper avec le F. M. en massue.

2° *Par équipe :*

Coordonner les équipes de 3 hommes (1 F. M. et 2 pourvoyeurs) en reprenant les exercices ci-dessus de manière que les 3 équipiers s'aident en toutes circonstances.

c) **Exercices d'ordre.** — Poser les armes et les charges ;

Marche normale. — Respirer.

Marche lente en respirant.

33. Exemple de leçon d'une moyenne intensité.

(Terrain plat — tenue légère).

a) **Mise en train.** — Rassemblement en colonne par 1, le F. M. sur l'épaule droite.

Changer le F. M. de main et d'épaule.

b) **Leçon proprement dite :**

F. M. seul. — (Position du tireur ou F. M. à la main).

Marche normale.

A gauche marche — Marche rampante, se lever.

Marche droite, oblique — se jeter à terre — bond de 30 mètres.

Respirer — Repos.

Saut d'une barre de 60 centimètres. Après le saut, se coucher.

Par équipes. — Ramper — gagner un mur ou une tranchée — franchir par escalade — marche normale — marche en flexion du tronc — demi-tour — bond de 10 mètres en rampant.

c) **Exercices d'ordre.** — Sans arme ni charges : marche normale — trois exercices respiratoires debout.

34. Il n'est pas nécessaire de faire des leçons spéciales de perfectionnement. Au cours même des leçons, selon le temps dont on dispose, l'instructeur indique le meilleur mode d'exécution des divers exercices et la façon la plus commode de placer l'arme.

C. Mitrailleurs.

35. Il faut s'entraîner à transporter le matériel complet d'une mitrailleuse à travers tous les terrains et tout particulièrement en rampant au ras du sol. Une équipe de mitrailleurs bien entraînés doit exécuter les épreuves physiques du combat (course — saut — escalade — ramper) avec tout son matériel.

36. La leçon d'entraînement général est évidemment la meilleure préparation à l'entraînement spécial du mitrailleur.

La leçon comprendra comme pour le F. M. une partie individuelle, chaque homme étant muni de la fraction du matériel qui constitue son chargement et d'une partie « par équipe complète ».

37. Les exercices sont exactement ceux indiqués pour le F. M.

Il paraît inutile de répéter le tableau des exercices et l'exemple de leçon. Mais à titre d'indication, les modes de porter en rampant les plus usuels sont les suivants :

Pièce ou trépied. — 1° Posé dans les deux bras. Progression sur les coudes et les genoux.

2° Tenu à deux mains. Porter l'objet en avant en allongeant les bras, se glisser par traction sur mains et coudes jusqu'à hauteur de l'objet, tête baissée (donne le meilleur aplatissement et couvre un peu le mitrailleur derrière la pièce ou le trépied).

3° Posé sur les cuisses ou dans la saignée des genoux. Se porter en avant sur coudes et genoux ou par fraction sur mains et coudes.

Le système qui consiste à marcher sur trois pattes, en tenant d'une main la pièce ou le trépied à l'épaule, est préféré par certains hommes. Il offre l'inconvénient d'être plus visible.

D. Équipes de 37

38. Les différentes parties du canon de 37 démonté (canon, trépied et bouclier) sont organisées pour un portage commode debout.

Le bouclier avec ses bretelles est facile à porter dans tous les modes de progression.

Le canon est porté habituellement par deux hommes (2 pourvoyeurs de pièce) qui le prennent chacun par une extrémité.

39. Différents modes de porter les pièces du 37, en rampant. — Ces modes peuvent varier selon le terrain (sec, mou, bouleversé, etc.).

Bouclier. — Fixé au dos du chef de pièce, à moins qu'il ne serve au transport du canon, comme il est dit ci-après :

Canon. — 1° Marche sur trois pattes des porteurs, qui tiennent de la main libre l'extrémité de l'écouvillon passée dans le canon.

2° Poser le canon, traversé de l'écouvillon, sur le dos de l'un des hommes, le tireur par exemple, qui progresse en rampant, tandis que le chargeur maintient le canon en place et progresse à trois pattes. (Le chargeur relève le tireur, etc.)

3° Poser le canon dans les bras du tireur et ramper. (Relever tireur par déchargeur, etc.)

4° Poser le canon dans la saignée des genoux, etc.

Trépied. — Mêmes procédés que pour le canon en tenant les deux extrémités du trépied, plus le procédé suivant, excellent par terrain sec :

5° Poser le trépied à terre, en relevant la semelle. Accrocher deux crochets de bricoles de bas en haut dans les anneaux de tirant d'essieu (une bricole de chaque côté du trépied) et un homme à chaque bricole. Extrême facilité.

Canon sur bouclier. — (Terrain sec ou suffisamment glissant.) Poser la pièce sur le bouclier replié, culasse en avant, accrocher deux bricoles aux bretelles de suspension du bouclier. Un homme à chaque bricole, le troisième empêche la pièce de glisser du bouclier et suit en rampant.

Canon sur trépied. — 1° Canon en travers maintenu sur trépied par corde de brellage ; 2° bricoles accrochées comme à 5° pour le trépied ; un homme à chaque bricole. On dispose ainsi de deux hommes qui peuvent surveiller le transport et relever.

2° Canon en long dans l'écouvillon reposant à l'avant sur le support pivotant ; la culasse sur la banquette maintenue par la courroie de brellage ; 2 bricoles comme ci-dessus ; mêmes avantages.

Nota. — Ces divers procédés ne sont donnés qu'à titre d'indication.

40. L'entraînement consiste comme pour le F. M. et les mitrailleuses en une *mise en train* comportant des assouplissements de pied ferme, avec pièces, pour fortifier les muscles et habituer aux poids ; en exercices de démontage rapide du canon ; en marches et progressions individuelles, chaque homme étant muni de la partie du matériel qui lui revient normalement, puis par équipes, en exercices de roulement des voiturettes, en bonds, en mises en batterie rapides dans tous les terrains. — On donnera au cours de la leçon les repos nécessaires et on terminera par des exercices de retour au calme, sans matériel.

41. La durée, l'intensité et le nombre des leçons seront réglés, comme pour les autres entraînements, d'après les principes indiqués pour les fusiliers-mitrailleurs et les mitrailleurs selon l'entraînement que l'on veut obtenir. Il conviendra, pour chaque leçon de progression en rampant, de ne pas dépasser 15 mètres en donnant tous les repos nécessaires. Là encore, l'instructeur s'assurera du bon dosage de sa leçon en l'exécutant lui-même, au moins une fois.

E. Mortiers d'accompagnement.

42. Les exercices d'entraînement des servants des mortiers d'accompagnement et de tous autres engins ont lieu d'après les mêmes principes que les exercices concernant le canon de 37. On appliquera des procédés analogues à ceux décrits paragraphe 39 du présent chapitre, pour le transport en rampant du matériel, accessoires et munitions.

CHAPITRE III.

ENTRAINEMENT DES GRENADIERS-VOLTIGEURS

43. Programme général d'entraînement. — L'entraînement des grenadiers-voltigeurs comporte :

1° Entraînement physique ordinaire sans arme. (Voir première partie.)

2° Entraînement avec l'équipement, l'armement et le chargement (Ci-après, paragraphe 44.)

3° Entraînement à la grenade. (Ci-après, chapitre IV.)

4° Entraînement au combat à la baïonnette et corps à corps. (Ci-après, chapitre V.)

Les séances d'entraînement avec l'équipement, l'armement, le chargement et celles d'entraînement au combat à la baïonnette et corps à corps peuvent se combiner entre elles et n'en former qu'une seule.

44. Programme de la séance d'entraînement avec l'équipement, l'armement et le chargement. — Ce genre de séance s'exécute soit en costume sommaire avec le fusil seulement, soit avec le fusil et tout ou partie de l'équipement et du chargement, soit enfin avec la tenue complète de combat (*avec ou sans musque*).

L'arme est tenue à la main ou dans toute autre position indiquée par l'officier ou le gradé directeur du travail.

Le programme est conforme dans ses grandes lignes à celui de l'entraînement général. Il comporte les exercices suivants :

1° *Exercices de marche* :
Marche allure moyenne.
Marche aux allures vives : 1° au pas allongé; 2° au pas de charge en donnant le maximum de vitesse.
Marche allure lente (comme moyen de repos).

2° *Exercices de course* :
Course allure lente (pas gymnastique ordinaire).
Course allure vive (pas gymnastique allongé).
Bonds allure maximum, en ligne droite en partant des positions debout, à genou, couché.
Bonds en avant avec retours brusques en arrière, avec demi-tours à droite et à gauche.
Course en boyaux ou en terrain bouleversé.
Course d'obstacles variés.

Exercices de dissimulation :
Marche ou course avec arrêts pour s'accroupir, s'agenouiller ou se coucher.
Marche ou course à l'indienne (tronc fléchi horizontalement).
Progression sur les genoux (ou sur les pointes des pieds et les genoux) et l'aide de la main gauche, l'arme tenue dans la main droite : 1° en avant; 2° en arrière; 3° de côté.
Progression en rampant, l'arme placée sur les avant-bras, ou placée en travers sur la nuque et tenue avec la main droite (dans ce dernier cas ramper avec le bras gauche et la jambe droite) : 1° en avant; 2° en arrière; 3° de côté.

4° *Exercices de sauts* :
Sauts ou passages d'obstacles réels : fossés, talus, barrières, tranchées.

Sauter ou descendre en vitesse dans les trous d'obus et les boyaux.

5° *Exercices d'escalades :*
Escalades de parapets de tranchées, de talus à pic, de murailles, de palanques, d'arbres, avec ou sans aide mutuelle.

6° *Exercices de lever et de porter :*
Transport de sacs, d'engins ou de matériel.
Transport de camarades avec ou sans l'aide du fusil.

7° *Exercices spéciaux avec l'arme :*
Charger l'arme en marchant et en courant.
Marche ou course avec arrêts brusques pour épauler et viser.
Progressions diverses en dissimulation avec arrêts brusques, pour charger, épauler et viser.
Mise en place de la baïonnette en marchant et en courant.
(Si les circonstances le permettent) franchissement des cours d'eau, escalade des berges en dissimulation pour charger, épauler et viser.
Etc.

CHAPITRE IV

ENTRAINEMENT A LA GRENADE

A. Règles générales.

45. Nature de l'entraînement. — Le grenadier doit être préparé et exercé à lancer la grenade dans diverses positions : debout, à genou, couché, en progressant et dans tous les terrains : découvert, naturel ou bouleversé, tranchées, boyaux, trous d'obus, etc.
Il doit, selon les circonstances, rechercher : soit la distance, soit la précision, soit la vitesse, soit simultanément la vitesse et la distance (barrage), la vitesse et la précision (attaque de tranchée adverse).

46. Matériel d'entraînement. — Le matériel d'entraînement comporte :
a) Des pierres de différents poids;
b) Des grenades d'exercices, lestées au maximum à 650 grammes (poids nettement supérieur à celui des grenades actuellement en service et à certains modèles légers utilisés dans les armées alliées);
c) Une corde, une toile métallique ou un filet qui, tendus à une certaine hauteur, obligent le grenadier à lancer par tir plongeant;
d) Des objectifs constitués par des piquets, des sacs-mannequins, des talus ou levées de terre, des tranchées ébauchées, etc.

47. Terrain d'entraînement. — Le terrain d'entraînement doit présenter divers aspects :
Terrain plat repéré de 5 mètres en 5 mètres.
Fraction de terrain de combat, semé d'obstacles : boyaux, tranchées, trous d'obus, réseaux de fil de fer, etc.
Ces terrains sont d'ailleurs déjà préconisés pour l'entraînement physique général du combattant.

B. Description des procédés de lancement
de la grenade.

48. La manière de lancer la grenade dépend de la situation dans laquelle se trouve le lanceur : tranchée étroite ou large, trou d'obus; de la position du corps : debout, à genou, couché; de la direction du lancement : dans le sens de la longueur d'un boyau ou en travers d'un boyau; enfin, du genre de grenade employé : grenade lourde ou légère.

La manière de lancer la plus utilitaire et qui constitue la base de l'entraînement est le lancer par *balancé latéral*.

49. Lancer par balancé latéral du corps sans élan. — Saisir la grenade de la main droite. Fixer l'objectif. Faire face à droite par rapport à l'objectif et écarter les pieds latéralement.

Incliner et tourner légèrement le corps à gauche en fléchissant la jambe gauche et en étendant la jambe droite. Dans cette position, percuter la grenade, ou enlever la goupille du bouchon allumeur.

Balancer le corps latéralement de gauche à droite, en fléchissant la jambe droite et en étendant la jambe gauche, le talon gauche levé, ou le pied gauche détaché du sol, tout le poids du corps reposant sur la jambe droite. En même temps, élever le bras gauche tendu dans la direction du lancement et renverser le bras droit vers la droite, la main droite venant se placer plus ou moins près ou en arrière du pied droit, suivant le degré de flexion de la jambe droite.

Redresser vivement le corps par un balancé latéral de droite à gauche, en abaissant le bras gauche, et en relevant le bras droit toujours tendu, les deux bras restant dans un plan voisin du plan vertical.

Laisser échapper la grenade en exécutant une torsion du tronc vers la gauche, l'épaule droite venant à la hauteur de l'épaule gauche, et en balançant le bras gauche plus ou moins en arrière.

Pivoter sur la pointe du pied droit ou au besoin soulever le pied droit du sol, au moment de la torsion du tronc.

50. Observations importantes. — Le mouvement complet du lancer ne doit pas être pratiqué en le décomposant par « temps » comme un mouvement de maniement d'armes (sauf en cas de démonstration). C'est un mouvement tout de souplesse qui s'acquiert en exécutant des mouvements *continus* de balancé du corps, de droite à gauche et de gauche à droite, plusieurs fois de suite, avant d'exécuter un lancement véritable.

Tout le corps, et non pas seulement le bras qui soutient la grenade, participe au lancer. La puissance du lancement dépend avant tout de la valeur du mouvement de détente des jambes et du tronc.

Le balancé du corps à droite est un mouvement de préparation relativement lent et très souple. Le balancé vers la gauche est au contraire un mouvement de détente *vive*.

Aucun temps d'arrêt ne sépare le balancé du corps à droite et le balancé à gauche.

Dans le balancé de retour de droite à gauche, le bras droit reste bien étendu et remonte dans un plan voisin du plan vertical. Cette dernière recommandation est essentielle, étant donnée la nécessité d'exécuter avec la grenade un tir plongeant. En un mot, le lanceur doit éviter de « faucher », c'est-à-dire de balancer son bras dans un plan se rapprochant du plan horizontal.

Au moment du percutage ou du dégoupillage, le lanceur regarde la grenade; pendant le balancé du corps, il fixe à nouveau l'objectif.

Pour acquérir le maximum de souplesse, fortifier les muscles du tronc qui interviennent dans le lancer, perfectionner l'adresse et éviter la fatigue du côté droit du corps, il y a intérêt à pratiquer un certain nombre d'exercices de lancer avec le bras gauche.

51. Lancer par balancé du corps avec élan. — Le principe du lancer est le même que celui décrit à la première manière, avec cette seule différence qu'au début du balancé de retour du corps de droite à gauche un sursaut est exécuté sur le pied droit.

L'élan donné par ce simple sursaut permet de réaliser un gain de plusieurs mètres (de 3 à 5 mètres en moyenne) sur la distance obtenue par le lancer sans élan.

52. Lancer dans la position à genou. — Écarter les pieds latéralement. Poser le genou gauche à terre sur l'emplacement du pied gauche, sans déranger le pied droit. Incliner le tronc à gauche et, dans cette position, percuter ou dégoupiller la grenade.

Exécuter ensuite un balancé du corps de gauche à droite. Fléchir plus ou moins la jambe droite et soulever plus ou moins le genou gauche de terre suivant la puissance à donner au lancer.

Lancer la grenade par un balancé de droite à gauche en étendant la jambe droite, comme il est indiqué dans le lancer debout par balancé latéral. Avoir soin de placer le pied droit convenablement sur le sol et profiter de son appui pour faire l'extension de la jambe droite.

Se remettre en position de départ sur le genou gauche dès que la grenade est échappée.

53. Lancer dans la position couchée ou en se plaquant. — Étant à plat ventre, soulever légèrement le corps au-dessus du sol en prenant appui sur les avant-bras ou les coudes et sur les pointes des pieds.

Fléchir la jambe gauche sans déplacer les avant-bras, ramener le genou gauche sous l'abdomen et ramener le poids du corps sur la jambe gauche, le tronc restant incliné. Dans cette position, percuter ou dégoupiller la grenade.

Exécuter ensuite un balancé du corps de gauche à droite en se repoussant avec la main gauche. Fléchir plus ou moins la jambe droite et soulever plus ou moins le genou gauche de terre suivant la puissance à donner au lancer, comme dans la position à genou.

Lancer la grenade par un balancé de droite à gauche, en étendant la jambe droite, comme il est indiqué dans le lancer debout par balancé latéral. Avoir soin de placer le pied droit convenablement sur le sol et profiter de son appui pour faire l'extension de la jambe droite.

S'aplatir sur le ventre dès que la grenade est échappée, en se recevant sur les mains.

Remarque. — Dans le cas où tout redressement du corps est rendu impossible à cause de la vulnérabilité qui en résulte, rester plaqué au sol soit à plat ventre, soit sur le côté gauche, soit sur le dos et effectuer le lancement par un simple mouvement de bras.

54. Modes spéciaux de lancement :

a) Lancer par simple balancé du bras tendu.

Cette manière n'est utile que pour le lancer en travers d'un boyau étroit.

Étant *face* à la paroi du boyau au-dessus de laquelle doit s'effectuer le lancement, exécuter un « à droite » et écarter les pieds. Ou bien, étant de *dos* à cette même paroi, exécuter un « à gauche » et écarter les pieds. Dans ce dernier cas, la position des jambes est inversée par rapport à la précédente, le lanceur tourne le dos à la direction du lancement.

Balancer le bras droit tendu un peu en arrière des hanches. Le relever aussitôt et laisser échapper la grenade en exécutant en même temps une torsion du tronc vers la gauche. Pivoter sur la pointe du pied droit et laisser le bras gauche souple suivre le mouvement du corps.

Dans cette manière de lancer, la torsion du tronc commence en même temps que le balancé de retour du bras, tandis que dans le procédé précédent (lancer par balancé latéral) elle n'a lieu qu'à la dernière partie de ce balancé.

b) **Lancer par détente du bras fléchi.**

PREMIÈRE MANIÈRE. — *Lancer par grande détente.*

Balancer le corps de gauche à droite et ramener la main droite en arrière comme pour le lancer par le balancé latéral.

Lancer la grenade par détente du bras fléchi puis allongé, à la façon d'un lancer de balle, en ramenant le corps en avant.

Cette manière de lancer s'exécute également avec élan au moyen d'un sursaut sur le pied droit.

DEUXIÈME MANIÈRE. — *Lancer par petite détente.*

Élever simplement la main droite au-dessus de l'épaule et un peu en arrière du corps, sans balancé du tronc ou avec un léger balancé.

Lancer la grenade par une détente du bras fléchi, puis allongé.

Remarque. — Le lancer par grande détente permet d'atteindre le maximum de distance, mais il présente l'inconvénient de fatiguer rapidement le bras et de forcer l'épaule des lanceurs insuffisamment robustes. Il ne doit être employé qu'exceptionnellement et seulement par les sujets très forts, le nombre des *jets à la suite* étant toujours très réduit.

Le lancer par petite détente est surtout utile pour lancer *en vitesse* aux courtes distances (en deçà de 20 mètres); c'est, dans ce cas, une sorte de lancé par demi-balancé du corps et du bras.

Ce genre de lancer sert également pour le lancement en travers d'un boyau.

En résumé, en dehors du lancer par balancé latéral qui sert à toutes les distances, le lancer par petite détente permet de lancer on vitesse aux courtes distances; et le lancer par grande détente peut servir dans certaines circonstances, avec des grenadiers particulièrement doués, à effectuer un jet maximum en portée.

Les lancers par détente du bras fléchi trouvent enfin leur application dans le lancement des grenades légères (nouveaux modèles en usage dans certaines armées alliées).

C. Programme de la séance d'entraînement
au lancer.

55. 1° *Lancer de distance par balancé latéral.*

Lancer aux distances faibles et moyennes Ne lancer aux grandes distances ou le plus loin possible qu'un nombre très restreint de fois à chaque séance.

Ne pas forcer les jets au cours des premières séances d'entraînement pour éviter la courbature du bras et de l'épaule.

Reposer le bras droit, si besoin est, en effectuant des lancers du bras gauche.

Exécuter quelques balancés successifs du corps, sans effectuer de jet, au début de chaque séance, pour combattre la raideur et se mettre en train.

2° *Lancer de précision par balancé latéral.*

Lancer à distance *fixe* sur cibles de formes diverses.

Lancer à distances *variables*. Passer des distances faibles aux distances moyennes et fortes en alternant le plus possible.

Lancer sur objectifs divers : éléments de tranchée, boyaux, trous d'obus.

Lancer de précision *en vitesse* (durée limitée) sur cible fixe ou cibles à des distances diverses.

3° *Lancers divers en distance et en précision.*

Lancer à genou. Lancer couché.

Lancer en travers d'un boyau par simple balancé du bras tendu.

4° *Lancer en tranchée et progression dans les boyaux.*

NOTA. — Les divers genres de lancers sont toujours coupés d'exercices de marche ou de course, soit pour aller ramasser les grenades, soit pour changer d'emplacement, soit pour accorder au bras un repos nécessaire.

D. Épreuves de constatation des résultats.

α) Barème des performances au lancer de distance et au lancer de précision et de vitesse.

56. Les deux épreuves suivantes permettent de noter et de classer les lanceurs par points, d'après leurs aptitudes au lancer de distance, de précision et de vitesse et de rechercher les meilleurs lanceurs.

Le meilleur lanceur est celui qui réunit le plus grand nombre de points dans les deux épreuves.

La valeur des performances varie, bien entendu, avec la tenue du grenadier et le poids de la grenade.

Le tableau suivant est établi sur les bases : tenue légère, grenade de 650 grammes.

TABLEAU.

VALEUR DES PERFORMANCES (Tenue légère. Grenade de 650 gr.)	LANCER DE DISTANCE		LANCER DE PRÉCISION et de vitesse	
	Performances	Points	Performances	Points
Performances insuffisantes ou nulles	10 14 16 18 20	— 5 — 4 — 3 — 2 — 1	1 2 3 4 5	— 5 — 4 — 3 — 2 — 1
Performance élémentaire.	25 mètres	0	6 coups au but	0
Performances moyennes .	30 34	1 2	8 10	1 2
Performances supérieures.	36 38	3 4	12 14	3 4
Performances athlétiques.	40 42 44 46 48 50	5 6 7 8 9 10	16 18 20 22 24 26	5 6 7 8 9 10
Maximum et records . . .	52 54 56 58 60 etc.	11 12 13 14 15 etc.	27 28 29 30 31 etc.	11 12 13 14 15 etc.

Il sera facile d'établir d'autres barèmes, aux mêmes proportions, pour apprécier les performances établies dans des tenues différentes (par exemple : la tenue complète de combat), ou avec des grenades plus légères.

L'exécution des épreuves a lieu en tenant compte des règles suivantes :

1° *Lancer de distance.*

Le terrain de lancement est horizontal.

Il comprend une ligne de départ et des lignes parallèles à cette ligne de départ tracées sur le sol de 5 mètres en 5 mètres, à partir de 20 mètres jusqu'à 60 mètres ou plus. Une règle en bois de 5 mètres de longueur et graduée en décimètres permet d'apprécier les distances entre les lignes parallèles.

Chaque lanceur a droit à six essais. La distance de lancement est mesurée de la ligne de départ au premier point de contact de la grenade avec le sol, et perpendiculairement à la ligne de départ.

Autrement dit, prendre la plus courte distance du point de chute à la ligne de départ et non pas à la distance de ce point de chute aux pieds du lanceur.

Pour qu'un lancer soit valable, le lanceur ne doit en aucune façon dépasser avec ses pieds la ligne de départ. Le lancer régulier sans élan ou avec élan peut être exécuté au choix du lanceur.

2° *Lancer de précision et de vitesse.*

Le terrain de lancement est horizontal. Une cible carrée de 2 mètres de côté est tracée sur le sol et creusée de 20 centimètres environ. Ses bords sont à pic. Son centre est à 25 mètres d'une ligne de départ tracée parallèlement à l'un des côtés du carré.

La durée de l'épreuve est de soixante secondes exactement.

Trois contrôleurs sont nécessaires pour l'exécution de l'épreuve. Le premier contrôleur, placé près de la cible, compte les coups au but; le deuxième, muni d'une montre à secondes et placé près du lanceur, donne le signal du commencement et de la fin de l'épreuve; le troisième, placé également près du lanceur, compte les lancers incorrects ou non valables.

Le nombre de grenades dont dispose le lanceur n'est pas limité. Un aide passe les grenades au lanceur. Avant le signal du commencement de l'épreuve, le lanceur tient une grenade dans la main droite.

Un lancer n'est pas valable si le lanceur n'emploie pas un des procédés de lancement régulier ou si ses pieds dépassent la ligne marquant la distance du lancement. Les lancers non valables sont retranchés du nombre de coups ayant atteint le but.

Une grenade roulant dans la cible après avoir frappé le sol en dehors des rebords n'est pas comptée comme coup au but.

b) Exemple d'organisation d'un concours de distance, vitesse et précision.

Éliminatoires. — Les éliminatoires sont exécutées dans chaque catégorie de la façon suivante : chaque concurrent dispose d'un assez grand nombre de grenades, placées sur lui dans une musette. Le temps du lancer est de vingt secondes. Les objectifs sont :

Un cercle de 2 mètres de diamètre tracé à 30 mètres de la ligne de départ;

Un cercle de 2m 50 de diamètre tracé à 35 mètres de la ligne de départ;

Un cercle de 3 mètres de diamètre tracé à 40 mètres de la ligne de départ.

Le centre de chaque cercle est déterminé par un piquet, la circonférence par une ligne de 5 centimètres tracée sur le sol à la chaux vive.

Exécution. — Pour le premier lancer, le lanceur prend une grenade en main, le bras allongé et attend le signal.

Au signal du chronométreur « Lancez », le lanceur simule le percutage ou l'arrachement d'anneau et lance dans le cercle de 2 mètres de diamètre situé à 30 mètres, jusqu'à ce qu'il ait mis une grenade au but. Aussitôt qu'une grenade est mise au but, il vise le deuxième cercle et ainsi de suite, jusqu'au signal « Halte » du chronométreur. Le lanceur ne pourra passer au deuxième cercle qu'après avoir mis au but une grenade dans le premier cercle, et au troisième cercle qu'après avoir mis au but une grenade dans le deuxième. Il continuera alors à lancer dans ce troisième cercle jusqu'au signal « Halte », marquant la fin des vingt secondes.

Le classement est obtenu par la totalisation des distances des grenades mises au but, une grenade seulement étant retenue pour les cercles de 2 mètres et 2m 50 de diamètre.

A égalité de classement, le meilleur est le lanceur ayant mis au but le plus grand nombre de grenades dans le cercle de 3 mètres de diamètre, situé à 40 mètres. S'il y a encore égalité, le meilleur est le lanceur ayant lancé le plus grand nombre de grenades. Si ce nombre est le même, les concurrents sont classés *ex æquo*.

Finales. — Les deux concurrents classés premiers aux éliminatoires dans chaque catégorie sont admis aux finales, avec leurs
ex æquo, s'il y a lieu, et restent soumis aux règles ci-dessus. S'il
y a des *ex æquo*, pour la première place à la fin de la finale, le
concours est recommencé entre ces concurrents.

Le premier à la finale est déclaré vainqueur du concours de dis
tance, vitesse et précision du lancer de grenade.

CHAPITRE V

ENTRAINEMENT AU COMBAT A LA BAÏONNETTE ET CORPS A CORPS

A. Règles générales.

57. Le combat à la baïonnette et corps à corps s'adresse à tous
les combattants. Tous doivent être capables d'utiliser ce moyen
d'attaque et de défense, de manière à n'être jamais surpris par
ce mode de combat, dans lequel il est facile de dominer l'adversaire, par la rapidité de décision, l'adresse, une bonne connaissance
des coups les plus efficaces, la brutalité et la vitesse d'exécution.

Le combat à la baïonnette est la dernière partie du combat
rapproché. Il est précédé jusqu'au dernier moment du tir.

58. Au combat, deux cas se présentent : ou bien l'adversaire
surpris n'est pas gardé — ou bien il est en garde, bien maître de
ses moyens, en marche ou en attente.

Dans le premier cas, l'essentiel est de profiter de la surprise pour
frapper vite et fort d'un coup droit (direct, de la baïonnette, du
pied ou du poing). Encore faut-il savoir où frapper. On se souvien-
dra, en outre, que derrière ce premier adversaire peuvent en surgir
d'autres, ce qui exige de rester prêt à agir de nouveau.

Dans le deuxième cas (adversaire gardé), la première idée est
d'*utiliser la grenade ou la balle ;* on ne peut pas toujours le faire
s'il y a mêlée, ou si l'on n'a plus de grenades, etc. Il serait alors
néfaste de foncer droit en pointant ou en lançant. On va ainsi
au moins au coup double. Il faut savoir abattre l'adversaire sans
être touché soi-même. Dans ce cas, il conviendrait encore de
foncer, mais en garde, en marche fléchie, si possible, maître de tous
ses moyens, en sachant ce qu'on veut faire et quel coup on veut
porter.

59. L'ensemble des deux cas ci-dessus exige :

a) La rapidité et la violence d'attaque, l'activité poussée au
paroxysme, une grande souplesse musculaire, la volonté d'abattre
l'adversaire le plus vite possible.

b) La connaissance des parties du corps les plus vulnérables
(soldat vêtu, équipé).

c) La pratique presque machinale et brutale des coups les plus
efficaces, suivis d'*arrachements rapides.*

d) La résistance et le souffle.

60. La vue d'une baïonnette adverse, à quelques mètres de lui,
doit provoquer aussitôt chez le soldat une tension musculaire et
nerveuse complète, avec la volonté de frapper par un direct ou
d'écarter instantanément la baïonnette opposée en frappant vio-

lemment ce qu'il y a derrière, au besoin en doublant et redoublant. et d'être aussitôt prêt à recommencer contre une autre baïonnette.

Cette tension est très fatigante; donc il faut s'entraîner et l'entraînement doit être court, mais fréquent.

On recherchera souvent les exercices qui provoquent cette tension complète, courte, brutale et irrésistible.

61. Terrains d'entraînement. — L'entraînement est donné :

1° Sur un stade destiné à l'entraînement physique;

2° Sur une piste de combat spéciale (tranchées, boyaux, portiques à mannequins, champs de tir, etc.);

3° En terrains variés, bois, etc.

62. Objectifs. — Les objectifs sont :

1° Des sacs-mannequins, à terre, ou suspendus, à droite ou à gauche de la piste du stade, ou placés sur la piste de combat ou en terrains variés (en tranchées, à terre, suspendus à des portiques de fortune, aux arbres, etc.). Le sac peut être muni d'un bâton pour obliger au battement. Il porte des cercles peints ou des disques mobiles de papier à la place des points vulnérables, tête, cœur, etc.).

2° Des bâtons à tampon tenus par un aide ou par l'instructeur (Longueur du bâton, 1m 80 environ; diamètre du tampon, 15 à 20 centimètres).

3° Le sol, des sacs-mannequins, des fagots de bois, etc., aux points marqués par des disques de papier, chiffon, etc.

4° Enfin l'instructeur lui-même ou un camarade (baïonnette couverte du fourreau, bâton à tampon, arme à baïonnette rentrante, si on en dispose).

63. Armement. — A l'entraînement, l'homme est muni de son arme avec *baïonnette nue* pour tous les exercices contre *sacs-mannequins*, bâtons à tampon, disques, etc.

Faire mettre le fourreau sur la baïonnette pour les charges groupe contre groupe, mêlées, ou pour la leçon individuelle avec l'instructeur, si l'on n'a pas d'arme à baïonnette rentrante.

Il est muni de l'arme à baïonnette rentrante pour la leçon individuelle avec l'instructeur, et, en plus, des masques et des gants pour les assauts à deux ou collectifs. A défaut de ce matériel, on utilisera pour faire répéter certains coups le bâton à tampon de 1m 80 ou même l'arme réglementaire avec baïonnette dans le fourreau (médiocre).

L'instructeur est généralement muni du bâton à tampon et à disque ou de l'arme à baïonnette rentrante.

B. Description des coups.

NOTA. — Les titres entre guillemets indiquent les commandements à faire :

64. Pas de charges et gardes.

a) *Pas de charge à droite ou à gauche.*

Le pas de charge est pris à droite ou à gauche. On s'exerce à passer rapidement de l'un à l'autre, à toutes les allures jusqu'à la course.

La régularité de la position importe peu, l'essentiel est de ne pas contracter les bras avant d'agir. Le bras dont la main tient la poignée du fusil repose sur la cartouchière de droite, l'autre main tient le fût à la hauteur de l'épaule, les doigts ouverts si le canon est brûlant.

b) « *En garde à droite* ou *en garde à gauche* », ou « *Garde courte à droite* ou *à gauche.* »

La garde est prise à *droite* (fusil à droite du corps) ou à *gauche en partant de toutes les positions.*

La meilleure garde, quand on a l'espace voulu, est la *garde longue,* l'arme parallèle au sol, la pointe vers l'adversaire, main avant dans le voisinage de la grenadière, main arrière à la poignée, la plaque de couche de la crosse à hauteur de la partie arrière du corps.

Au début de l'instruction, les principes de cette garde-type sont respectés avec soin pour assurer à l'homme un bon équilibre et une bonne utilisation de ses moyens. Aux assauts d'entraînement et au combat, l'homme n'a plus à tenir compte de la garde-type, qui doit être modifiée selon le coup à exécuter, la garde adverse, l'espace disponible, etc. Il cherche alors à porter un coup, quelle que soit la position de son arme et de ses jambes.

La **garde courte** est prise à volonté, soit en reculant les deux mains avec l'arme, soit en avançant les deux mains vers l'extrémité du fusil, sans exagération, dans toutes les gardes ; l'essentiel est de ne pas donner prise aux battements adverses et, au contraire, d'être toujours prêt à battre, soit pour écarter et attaquer, soit pour parer et attaquer.

Un homme surpris dans un abri s'accroupit derrière son arme tenue verticalement à deux mains et pare en déplaçant son arme latéralement jusqu'à ce qu'il puisse battre efficacement et attaquer.

Un homme dans un boyau étroit prend avec avantage la « garde en dessus » de la tête, avec renversement de mains, si nécessaire.

c) « *Marche en garde* »—« *Changement de garde.* »

La marche en garde (ou déplacement) est faite en flexions rapides en avant, en arrière, à droite, à gauche, obliquement, etc.

Les changements de garde sont faits à toutes les allures.

Il convient de s'entraîner à ces différents exercices de manière à *jongler avec son arme* et à obtenir *un jeu de jambes* extrêmement rapide.

d) *Mesure.*

La mesure est la plus grande distance à laquelle on puisse atteindre son adversaire soit avec la pointe de la baïonnette, soit avec le poing ou le pied, soit avec le couteau. Il est important d'avoir une idée de la mesure dans chaque cas.

65. Attaques.

e) « *Pointez.* »

Le pointez simple se place *contre ennemi surpris ou mal gardé.* Ne le faire qu'en marchant et en courant sans se mettre en garde, mais avec une extrême rapidité et la plus grande violence.

Le pointez est fait dans toutes les directions, horizontalement ou verticalement (vers le sol ou vers le ciel) ; dans le pointez à terre, retourner la main qui tient la poignée, si nécessaire.

Il importe de savoir *pointer de vitesse* pour les opérations de *nettoyage* et la mise hors de combat rapide d'adversaires groupés. Le *pointer de vitesse* consiste à exécuter le plus grand nombre possible de touches, en l'espace de quelques secondes. La vitesse ne doit exclure ni la précision ni la pénétration. (A titre d'exemple, un homme moyennement exercé doit pouvoir exécuter quatre touches **précises** en moins de deux secondes sur quatre objectifs différents, placés à 50 centimètres les uns des autres.)

1) Battez-court—Pointez.

Contre ennemi gardé, c'est le coup le plus simple. Le battement est fait de droite à gauche ou de gauche à droite, ou de bas en haut ou de bas en haut, selon la place de l'arme adverse.

Il s'agit d'un *battement court* coïncidant, presque tous à la fois.
Entraîner à battre et pointer dans toutes les directions avec changement de gardes, chaque fois qu'il est nécessaire.

2) « Lancez-long. »

Utile contre ennemi mal gardé ou surpris. S'entraîner à le donner long et violent, par rotation et détente des bras, la main légère, les deux mains projetant l'arme, la main avant lâchant d'abord et se tenant prête à la ressaisir en cas de parade adverse. Revenir très vite à la garde (autres adversaires possibles).

3) « Battez-large—Coup de crosse—Pointez. »

Pour ce coup, le battement large est fait vers la gauche si on bat en garde à droite ou inversement. Il amène naturellement la crosse en avant. Frapper brutalement avec la crosse au visage de l'adversaire, redoubler s'il le faut, puis achever par un pointez.

4) « Poussez—Pointez. »

L'avance en garde haute (médiocre) ou toute autre garde amène souvent les armes à se croiser en corps à corps; pousser son adversaire à la mesure et pointer, ou bien se rejeter soi-même en arrière à la mesure et pointer.

5) Arrachement.

Dès qu'un coup a porté, il faut libérer sa baïonnette le plus vite possible en l'arrachant du corps adverse, soit pour redoubler, soit pour faire face à d'autres adversaires.

Pour l'arrachement, retirer violemment l'arme en arrière, avec les deux mains, au besoin déplacer les mains qui se portent plus en avant, et s'aider du pied posé sur l'adversaire près de la baïonnette. Dans les exercices de pointer à terre contre mannequin, l'instructeur veillera à ce que le pied ne se pose pas sur le mannequin avant l'arrivée de la pointe (accidents possibles).

86. Points vulnérables. — L'homme habillé et équipé est généralement peu vulnérable dans la région du ventre (ceinturon, cartouchières, etc.); en outre, un coup de baïonnette au ventre n'arrête pas toujours instantanément l'adversaire.

Les points les plus vulnérables pour la baïonnette sont la figure, le cou, le cœur, les cuisses, et, faute de mieux, le bras le plus avancé.

87. Battements, parades, ripostes. — Il n'y a pas lieu de distinguer la parade du battement. Dès que l'homme voit une baïonnette adverse dans le rayon de sa mesure, il bat, pointe ou lance, et recommence s'il le faut, sans qu'il ait besoin de savoir s'il s'agit d'une parade, d'un battement ou d'une riposte.

88. Coups de demi-corps à corps.

a) Avec l'arme à baïonnette.

La plupart des coups précédents peuvent être exécutés en garde courte.

Exemple:

De la courte à droite (ou à gauche) Pointez. (ennemi surpris). De la courte à droite (ou à gauche) Battez. Pointez. (ennemi gardé).

Et si l'on est trop près de l'adversaire, « poussez, pointez » ou les coups suivants :

« Coup de fût au cou adverse de gauche à droite avec croc-en-jambe à droite. » A terre, « pointez », ou « coup de crosse et pointez ». Coup de fût au cou adverse et coup de pied bas à la jambe avancée », « pointez », etc.

b) *Sans arme à baïonnette contre baïonnette.*

« Désarmez—Pointez ». Battre ou parer le coup adverse avec la main contre la base de la baïonnette, saisir l'arme à deux mains, en lui faisant subir une torsion qui contraint l'adversaire à lâcher prise, pointer avec l'arme enlevée. S'il y a résistance, coup de pied bas, coup de genou au ventre, etc.

Nota. — A défaut d'autre moyen, la main suffit à écarter l'arme adverse. Mais n'importe quoi, un bâton, même court, la baïonnette tenue à la main, un couteau, permettent d'écarter le coup de l'adversaire. Après quoi, si l'on sait *désarmer*, on domine facilement.

69. Corps à corps sans arme.

Voir Annexe I, Notice sur le corps à corps du 1er décembre 1917 du Centre d'instruction physique de Joinville-le-Pont.

La valeur de l'attaque à la baïonnette est décuplée lorsque l'assaillant est assuré de savoir se servir de ses poings et de ses pieds, dans les coups les plus simples du corps à corps. Il acquiert la confiance en soi, et l'agressivité brutale, mais adroite.

C. Composition et exécution des leçons d'entraînement.

70. But de l'entraînement : amener l'homme à être maître de son arme de façon qu'il puisse sans hésiter attaquer et se défendre en associant le tir, la baïonnette et le corps à corps, dans toute les situations et quelle que soit la manière dont se présente l'adversaire.

71. L'entraînement comprend des *leçons collectives et individuelles.*

La *leçon collective* comporte :

1º Des exercices sur tous les terrains avec coups portés sur objectifs divers (sol, disques, anneaux, tampons, sacs-mannequins, etc.);

2º Des parcours sur pistes de longueur variable en terrain plat ou accidenté, avec obstacles et objectifs divers;

3º Des exercices associant le tir (grenades comprises) au combat à la baïonnette et au corps à corps (avec et sans arme).

La *leçon individuelle* comporte :

1º L'enseignement des coups décrits au chapitre II;

2º Des assauts contre l'instructeur;

3º Des assauts un contre un, un contre deux, etc., jusqu'au corps à corps (avec ou sans arme).

72. La *leçon collective* ou *individuelle* peut avoir une durée maximum de trente minutes. En outre, de très courtes leçons de quelques minutes au milieu des autres exercices donneront de bons résultats.

73. Les principes généraux d'entraînement physique (tenue, mise en train, retour au calme, ablutions, etc.) sont applicables à l'entraînement au combat à la baïonnette.

74. Composition des leçons. — Pour composer une *leçon collective* l'instructeur choisit ses exercices dans le programme suivant :

1° Marche ou course, dans les diverses gardes : garde à droite et à gauche, longue et courte, de corps à corps, pointe haute et basse, latérale à droite et à gauche, en dessus. Changements de garde rapides et successifs;

2° Marche ou course, et prise d'une garde quelconque, *a)* en arrêt brusque, *b)* en arrêt brusque avec recul et bond en arrière;

3° Marche ou course avec pointés au sol (ou sur tous autres objectifs disposés sur le sol et offrant la résistance du corps humain), dans les diverses gardes, *a)*, pointés en marche à chaque pas (sans arrêt), *b)* pointés en course (avec arrêt brusque au moment du pointé);

4° Marche ou course avec arrêts brusques pour s'accroupir, s'agenouiller, s'asseoir ou s'étendre sur le sol, et pointés au sol ou sur tous autres objectifs dans les diverses positions;

5° Marche ou course avec pointés latéraux au sol ou sur tous autres objectifs à droite et à gauche;

6° Pointés de précision sur les bâtons à tampons :
a) Sur place, *b)* en avançant et en reculant, *c)* en progressant de côté, *d)* l'aide muni du bâton, tournant autour de son partenaire, *e)* l'homme armé dans la position accroupie, à genou, assis ou étendu sur le sol;

7° Pointés de rapidité et de précision sur sacs de petites dimensions ou mannequins avec marques;

8° Parcours partiel ou total d'une piste d'obstacles et d'objectifs;

9° Bonds rapides de 10 à 25 mètres, avec cris, pour atteindre et frapper un objectif.

75. Pour la *leçon individuelle,* choisir parmi les exercices de la progression suivante :

1° *Le pas de charge et les gardes ;*

2° *Les marches en garde et les changements de garde ;*

3° *Les attaques :* a) contre bâtons-tampons (précision), b) contre bâtons à disques (précision et arrachement), c) contre sacs-mannequins avec marques ou disques (précision, pénétration et arrachement), d) sur pistes contre sacs-mannequins et tourniquets à disques avec course (précision, pénétration, arrachement, vitesse et résistance). Répéter en marchant, puis en courant contre l'instructeur, les attaques enseignées d'abord de pied ferme;

4° *Coups de demi-corps à corps et de corps à corps ;*

5° *Assaut contre l'instructeur ;*

6° *Assaut un contre un,* en diminuant progressivement jusqu'à 10 secondes le temps de l'assaut, les deux adversaires partant à 25 mètres l'un de l'autre;

7° *Assaut un contre un sans arme, contre arme ;*

8° *Assaut un contre deux, puis contre trois ;*

9° *Arme courte contre arme longue* (Annexe III).

76. Exécution des leçons. — Au début de l'instruction la leçon est surtout *individuelle.* Dès que l'homme exécute convenablement les premiers exercices de la leçon individuelle (n° 75 §§ 1 et 2), il est appelé au travail de la leçon collective.

En principe, un instructeur donne la leçon collective. Pendant ce temps un deuxième donne la leçon individuelle en appelant à lui chaque homme successivement.

Si on ne dispose que d'un seul instructeur, l'enseignement est donné soit en exécutant un jour la leçon individuelle et un autre la leçon collective; soit en exécutant toujours la leçon collective et en réservant une partie de cette leçon à l'instruction individuelle.

77. La *leçon*, au début de l'instruction ou pour un entraînement sévère, doit être, si possible, *quotidienne*.

Pour le maintien de l'entraînement, deux ou trois séances par semaine et de durée variable seront suffisantes.

78. Pour la *leçon individuelle*, l'instructeur forme sur un rang son groupe, passe successivement devant chaque homme muni de son arme et, sur l'avance de son bâton-tampon, fait exécuter le coup qu'il indique — quelques secondes par homme suffisent. Il doit arriver à faire exécuter cette leçon à la muette soit de pied ferme, soit en marchant ou en courant, *en partant de n'importe quelle position de l'homme et de son arme*. Il désigne l'homme par son nom, en plaçant le tampon par terre, et dit : «Objectif : Le tampon. » Dès que le tampon se lève, l'homme attaque avec fureur, touche et passe. Ou bien l'instructeur dit : « Objectif : Moi — cœur. » Dès que le tampon se lève, l'homme lance, ou *bat et lance* au cœur de l'instructeur et passe (la baïonnette est alors munie du fourreau). L'instructeur évite le coup. Ou bien l'instructeur dit : « Objectif : Tel mannequin et sur le mannequin tel point marqué par un disque. » L'homme attaque avec énergie, pointe, redouble s'il le faut et passe.

Les hommes qui ont passé se forment sur un nouveau rang parallèle au premier, derrière l'instructeur.

Tous les hommes qui attendent leur tour ou qui ont passé exécutent sur place ou en marchant autour du terrain des assouplissements des bras avec l'arme, des pointés ou lancés dans les deux gardes, des changements de garde rapides, ou bien se mettent au repos, à l'indication de l'instructeur.

79. Pour l'exécution de la *leçon collective*, l'instructeur tient compte des circonstances de temps, terrain, époque d'entraînement, etc. Il a toute initiative pour varier le caractère d'exécution de la leçon et la rendre attrayante. Il se rapproche progressivement des conditions du combat.

80. Des **leçons spéciales** peuvent être données pour perfectionner certains coups, simuler un combat réel en surface ou en tranchées et boyaux, étudier spécialement le corps à corps, combiner le combat de grenades et le tir avec l'assaut, etc., soit contre objectifs inertes avec projectiles réels, soit contre adversaires réels avec projectiles inoffensifs et armes à baïonnette rentrante, masques, etc., selon les ressources de terrain et de matériel.

81. Moyens de contrôle. — L'instructeur s'ingénie à créer lui-même et à varier les moyens de contrôle.

Les moyens suivants sont donnés à titre d'indication et pourront servir de base aux inspections d'instruction :

1° *Courses sur piste* de 100 mètres avec obstacles et objectifs (Voir Annexe V. Épreuves de contrôle).

2° *Assauts* un contre un (Voir Annexe V).

3° *Tirs réels* précédant, suivant ou accompagnant le combat à la baïonnette et le parcours d'une piste d'obstacles et d'objectifs.

Combinaisons multiples d'organisation et d'exécution.

Contrôle par addition des points obtenus au tir, à l'assaut, au parcours de la piste, à l'adresse sur les objectifs.

ANNEXES

ANNEXE I

NOTICE SPÉCIALE DE CORPS À CORPS

Voir NOTICE SUR LE CORPS A CORPS du 1er décembre 1917, du Centre d'instruction physique de Joinville-le-Pont.

ANNEXE II

COMBAT A LA BAÏONNETTE ET CORPS A CORPS

EXEMPLE D'UNE LEÇON COMPLÈTE
(individuelle et collective).

(Intensité moyenne. — Temps : 25 à 30 minutes. — Tenue légère. Pas d'équipement.)

a) **Mise en train** (2 minutes au plus). Indispensable pendant les trois premiers mois de l'instruction.

BRAS.

« *Jonglez avec l'arme* » (d'une main à l'autre, par-dessus la tête, en marchant, puis en courant) ou bien « *Élévation latérale de l'arme* » (avec le bras tendu, la main tenant la poignée, la pointe de la baïonnette partant de terre, demi-fente avant, du bras droit puis du bras gauche).

JAMBES.

« *En garde* » — « *Flexion des jambes* » (2 ou 3 fois).
« *En garde, à gauche* » — « *Flexion des jambes* » (2 ou 3 fois).

TRONC.

« *En garde* » — « *Rotation du tronc* » (2 ou 3 fois), ou bien : « *Armes aux épaules* » — « *Circumduction du tronc* » (2 ou 3 fois). « *Respirez.* »

b) **Partie individuelle :**

1° *Assaut contre l'instructeur* (15 secondes au maximum pour chaque homme, en moyenne).

2° Les autres hommes s'exercent individuellement au « lancer » de précision contre des sacs-mannequins d'abord de pied ferme, puis en marchant et en courant (précision et mesure) ou à tout autre exercice du chapitre II qu'indique l'instructeur.

c) **Partie collective :**

1° Former son groupe sur 2, 3 ou 4 rangs les uns derrière les autres, les hommes à 3 pas dans chaque rang.

1ᵉʳ rang : *« Couchez-vous. »* — *« L'arme à la main. »* — *« Pas de course. »* — *« Partez. »* A 10 mètres : *« Couchez-vous. »* — *« Rampez. »* — *« Debout. »* — *« Pointez ou lancez. »* (Divers objectifs au sol ou debout.) Deuxième bond analogue.

2ᵉ rang : même exercice et ainsi de suite par rang.

2° Former son groupe en colonne par un. Orienter le premier homme sur un obstacle (haie ou talus) derrière lequel se trouve un ou plusieurs sacs-manpequins à terre, disposés à l'avance : *« Courez—Sautez—Pointez. »*

Continuer par un boyau ou tranchée, muni d'objectifs dissimulés à droite ou à gauche. Surveiller les changements de garde nécessaires.

Sortir de la tranchée par escalade. A la sortie : *« Pointez »* sur objectifs disposés en surface, etc.

d) **Retour au calme.** — *« En colonne par deux derrière moi, à deux pas de distance. »*

« Marche à volonté l'arme à la main. »

« Marche lente avec exercices respiratoires. »

Nota — Ne disperser son groupe que lorsque la sueur et l'essoufflement ont disparu.

PARTICULARITÉS
RELATIVES AU COMBAT A LA BAIONNETTE
ARME COURTE CONTRE ARME LONGUE

a) Le combattant à l'arme courte contre arme longue cherche le combat rapproché. Pour cela, il marche sur l'adversaire et l'oblige ainsi à lancer l'attaque, sans lui donner le temps de la préparer.

Il doit posséder à fond le sentiment de sa mesure et de celle de son adversaire. Il doit être très exercé au jeu de jambes.

b) Le *« lancer »* est peu employé dans les attaques en avant, arme courte contre arme longue, mais il retrouve son emploi dans la mêlée pour les attaques de côté et de revers, et aussi chaque fois que l'on a devant soi un adversaire mal gardé.

En règle générale, l'homme muni de l'arme courte cherche à écarter l'arme longue par une *prise de fer*, un *battement*, ou une fausse *attaque avant d'attaquer*.

En outre, en raison de la dimension de l'arme courte, l'homme qui en est armé peut, plus facilement que son adversaire, employer de près la pointe ou le tranchant de la baïonnette, dans le corps à corps, sans changer la place de ses mains sur son arme.

c) *« Battez—Pointez. »*

1° Si l'adversaire (arme longue) exécute un *« lancer »* ou un *« pointez »* pour arrêter sa marche, chassez son arme par un battement, gagnez très vivement votre mesure en restant couvert et *pointez*.

2° Si l'adversaire ne lance pas d'attaque, exécutez vivement une prise de son arme à droite vers le haut et une torsion du corps qui envoient la pointe adverse obliquement vers le sol et « pointez » (attention à la pointe adverse).

d) « *Dégagez, pointez.* »

Si l'adversaire s'est rapproché et s'appuie sur votre arme, cédez vivement à son appui, dégagez en esquivant la tête, et pointez.

e) « *Bloquez, pointez.* »

Si vous avez pris l'arme adverse à gauche, bloquez-la contre votre corps ou exécutez une torsion du corps qui envoie l'arme adverse en haut et à droite, et pointez.

f) « *Poussez, pointez.* »

Si vous arrivez au corps à corps, poussez et pointez.

g) « *Coupez et pointez.* »

Si le corps à corps est complet et que vous ne puissiez dégager votre pointe, attaquez en tranchant la partie la plus rapprochée, cou, main, figure, etc..., et pointez.

h) « *Déséquilibrez et pointez.* »

Ou bien déséquilibrez vivement l'adversaire par un croc-en-jambe à droite en même temps que vous frappez du fût de votre arme le cou ou la figure de votre adversaire; pendant qu'il tombe, pointez.

i) Les coups les plus rapprochés sont ceux indiqués dans le corps à corps sans arme.

Nota. — Les principes de combat à l'arme courte contre arme courte sont ceux indiqués pour l'arme longue.

ANNEXE IV

MATÉRIELS ET TERRAINS D'ENTRAÎNEMENT

(COMBAT A LA BAÏONNETTE)

1. Matériel. — Le matériel d'entraînement au combat à la baïonnette comprend :

a) Les *objectifs* décrits au chapitre I, § 6. — Ils sont très faciles à fabriquer avec les moyens dont disposent les corps.

Les *sacs-mannequins* sont des sacs ordinaires ou des sacs à terre, bourrés d'herbe, de paille ou de copeaux. L'adjonction de quelques fagotins permettra de réaliser la résistance moyenne du corps humain. Ces sacs portent des cercles peints en blanc ou des disques de papier de 8 à 10 centimètres de diamètre qui indiquent en gros la place de la tête, du cœur et des cuisses.

Le *tampon des bâtons* est fait d'un morceau de toile d'emballage bourré d'herbe et solidement fixé par un fil de fer enroulé et cloué à l'extrémité du bâton.

Le *disque des bâtons* est fait de corde assez forte fixée à l'extrémité du bâton.

Le *tourniquet à disque* se compose d'un T de bois dont la branche horizontale peut tourner sur la branche verticale. — L'une des

extrémités de la branche horizontale est percée d'un logement
où vient se placer à frottement large, la queue d'un disque de
fil de fer de 8 à 10 centimètres de diamètre intérieur.

b) Des *potences* (diverses hauteurs) et des *portiques* de 2ᵐ 50
de haut et 2ᵐ 50 de largeur *au moins* pour suspendre les sacs-
mannequins qui sont maintenus d'autre part par des fils de fer
ou cordes fixées solidement en terre.

Ces potences et portiques peuvent être remplacés par des
arbres et des traverses posées sur deux arbres voisins.

c) Un *armement spécial* pour les assauts contre l'instructeur,
ou un contre un, ou collectifs.

Cet armement comprend : l'arme à la baïonnette rentrante,
les gants et masques décrits à l'Annexe III du Règlement d'éducation physique du 21 janvier 1910 (édition mise à jour au 30 juil-
let 1913).

2. Terrains d'entraînement. — Il paraît inutile de décrire les
terrains d'entraînement au combat à la baïonnette, qui varieront
selon les dimensions et la nature du sol dont on dispose.

Le *stade plat* destiné à l'entraînement physique servira également au combat à la baïonnette pour les trois premiers mois de
l'instruction et pour les perfectionnements ultérieurs.

A cet effet, il doit comprendre une *piste de 100 mètres spéciale*
à l'entraînement au combat à la baïonnette et un *terrain d'assaut*.

a) Piste de combat à la baïonnette.

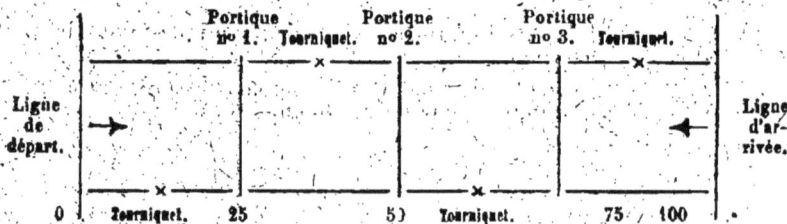

Longueur : 100 mètres.
Largeur : variable, 2ᵐ 50 au moins.
Sol : aussi plat que possible.
Trois portiques à 25, 50 et 75 mètres de la ligne de départ.
Quatre tourniquets, deux à droite, deux à gauche.
En outre, du matériel mobile peut y être ajouté pour certaines
épreuves : haies, murettes de bois, escalades, sacs-mannequins à
terre, disques de papier à terre, etc.

b) Terrain d'assaut.

Le terrain d'assaut est aussi plat que possible pour les débuts
de l'instruction. Par la suite, on y ajoute des obstacles mobiles
ou fixes, haies, troncs d'arbres debout, tas de sacs à terre, fil de
fer, trous d'obus, etc. Puis l'assaut a lieu dans tous les terrains
dont on dispose.

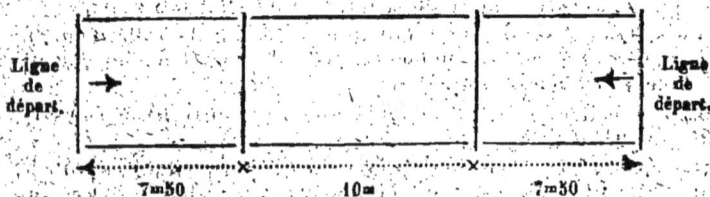

— Le terrain d'assaut est un rectangle de 25 mètres de longueur et de largeur variable, divisé en trois parties par deux lignes centrales à 10 mètres l'une de l'autre.

— Les deux adversaires courent l'un vers l'autre en partant des lignes extérieures. Le combat doit être réglé à l'intérieur des lignes centrales, dans le temps et les conditions imposées par l'instructeur (Voir Annexe V).

ANNEXE V

ÉPREUVES DE CONTRÔLE

(COMBAT A LA BAÏONNETTE ET CORPS A CORPS)

---

1 — CONCOURS INDIVIDUEL DE VITESSE ET D'ADRESSE
PISTE DE 100 MÈTRES

Tenue progressivement amenée à la tenue de campagne suivante : casque, capote ou veste, équipement (cartouchières vides), arme réglementaire avec baïonnette solidement fixée au canon, sans sac.

La **Piste** a une longueur de 100 mètres; elle comporte sept objectifs à deux obstacles. (Voir Annexe IV : Piste de combat à la baïonnette.)

Les **Objectifs** sont des disques de papier blanc ou rouge de 8 centimètres de diamètre épinglés sur des mannequins, ou des anneaux mobiles de même diamètre sur tourniquets.

Les **Obstacles** sont deux haies de 80 centimètres de hauteur, que l'homme *doit sauter*.

Chaque soldat se place à la ligne de départ (position du pas de charge). Il part à la course au signal du chronométreur et cherche à percer les disques et à enlever les anneaux à la pointe de la baïonnette dans le minimum de temps.

Il est accordé vingt-cinq secondes pour le temps du parcours.

On note : 1° Le nombre de secondes mises à parcourir les 100 mètres;

2° Le nombre de disques percés et d'anneaux enlevés à la pointe.

On compte *deux points* pour chaque disque percé et anneau enlevé.

Un point est enlevé pour tout « arrachement » mal fait.

Un point est enlevé pour tout saut d'obstacle non exécuté.

Un point est enlevé pour chaque seconde en sus des vingt-cinq secondes accordées.

A égalité de points, le meilleur est celui qui a accompli le parcours dans le minimum de temps. A égalité de points et de temps, il y a *ex æquo*.

II — ASSAUTS, UN CONTRE UN
(baïonnette et corps à corps)

Tenue progressivement amenée à la tenue de campagne suivante : capote ou veste, équipement, cartouchières vides, masques réglementaires, gants, armes à baïonnette rentrante.

a) Éliminatoires.

Les concurrents sont classés en groupes de sept ou huit tirés au sort. Chaque groupe exécute une poule.

Les deux concurrents appelés à combattre sont placés à 25 mètres l'un de l'autre, face à face, sur le terrain d'assaut (Voir Annexe IV). Le coulissage des baïonnettes est vérifié par l'instructeur ou par le jury (1).

Au signal « *Partez* » du chronométreur, les deux concurrents se portent l'un vers l'autre au pas de charge ou à la course. Deux lignes centrales, à 10 mètres l'une de l'autre, sont tracés sur le sol, à 7^m 50 des lignes de départ. Les concurrents *doivent les franchir.* A partir du franchissement des lignes centrales par l'un d'eux, les concurrents ont dix secondes pour régler le combat, en une seule touche ou prise de corps à corps.

Obtention des points. — Si *aucune décision* n'est obtenue au bout de dix secondes, le chronométreur fait arrêter le combat et les deux concurrents ont zéro tous les deux.

Si l'un des concurrents *en reculant dépasse sa ligne* des 10 mètres, le combat n'est pas arrêté, mais celui qui a reculé a 2 points à défalquer de son total de points.

Il est attribué :

Quatre points pour toute touche (pointe, couteau ou crosse) atteignant le tronc (à l'exception des cartouchières), les deux cuisses, genou compris, le cou et la tête, et pour toute prise de corps à corps (non poussée à fond) *pouvant amener la mise hors de combat définitive ;*

Deux points pour tout coup (pointe, couteau ou crosse) porté aux bras ou aux jambes (en dessous du genou), pour tout coup superficiel au tronc, cuisses, cou et tête, pour toute prise de corps à corps pouvant amener seulement une *mise hors de combat momentanée ;*

Un point pour tout coup superficiel aux bras ou aux jambes (en-dessous du genou).

Au premier résultat constaté, l'instructeur (ou le chef du jury) crie « *Halte* », le combat s'arrête. S'il y a prise de corps à corps, la prise est maintenue pour qu'elle puisse être jugée.

Coups doubles. — 1° S'il y a *coup double véritable*, il est attribué au meilleur coup la différence de valeur des coups portés.

Exemple. — L'un des concurrents touche au cœur, l'autre touche au bras, différence 4 — 2 = 2; le premier a deux points, le second zéro.

Autre exemple. — Les deux concurrents touchent ensemble au cœur : 2 — 2 = 0. Ils ont zéro tous les deux.

2° S'il y a *entre les coups une différence de temps appréciable*, il est décidé si le coup arrivé premier pouvait empêcher le second de se produire. Si oui, le premier coup a le nombre de points qu'il vaut, sans diminution. Dans le cas contraire, il est attribué au meilleur la différence de valeur des coups, comme dans le premier cas.

---

(1) Dans certaines épreuves de classement, il y aura intérêt à former un jury composé de : un président, quatre membres, un chronométreur, choisis parmi les officiers ou des gradés compétents.

b) **Demi-finales.**

Les éliminatoires donnent les premiers de chaque groupe de poules. Les demi-finales sont faites dans chaque catégorie entre les premiers de chaque groupe ainsi déterminés. Elles donnent le premier de chaque catégorie. Même règlement que pour les éliminatoires.

c) **Finale.**

Le premier de chaque catégorie est qualifié pour la finale. Même règlement que pour les éliminatoires. Il est fait deux tours. Le premier de la finale est déclaré *vainqueur.*